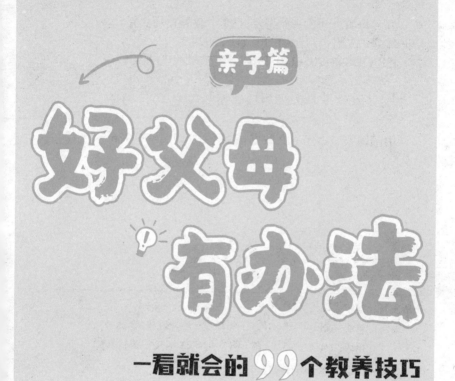

亲子篇

好父母有办法

一看就会的 **99** 个教养技巧

一正 / 著

辽宁人民出版社

图书在版编目（CIP）数据

好父母有办法：一看就会的 99 个教养技巧 . 亲子篇 /
一正著 . — 沈阳 : 辽宁人民出版社 , 2024.5
ISBN 978-7-205-11071-0

Ⅰ . ①好… Ⅱ . ①一… Ⅲ . ①家庭教育 Ⅳ . ① G78

中国国家版本馆 CIP 数据核字（2024）第 067736 号

出版发行：辽宁人民出版社
　　　　　地址：沈阳市和平区十一纬路 25 号　邮编：110003
　　　　　电话：024-23284321（邮　购）　024-23284324（发行部）
印　　刷：河北万卷印刷有限公司
幅面尺寸：145mm×210mm
印　　张：17.125
字　　数：339 千字
出版时间：2024 年 5 月第 1 版
印刷时间：2024 年 5 月第 1 次印刷
责任编辑：高　丹　李　曼
封面设计：李彦伟
版式设计：优盛文化
责任校对：吴艳杰　等
书　　号：ISBN 978-7-205-11071-0
定　　价：126.00 元（全三册）

目录

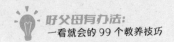

第一章　关系构建

如何构建和谐的亲子关系

1. 家里有个 "不高兴"，怎么说都不行

果果妈妈最近有点儿烦。工作上的事儿烦，家里的事儿也烦。这股烦劲一上来，果果妈妈就像一只点着的火药桶，随时随地都能"爆炸"，一点儿小事儿都能惹她发一顿火。果果和爸爸动不动就被她数落。这天，果果妈妈加班回来，一进门就看到果果在玩玩具。这孩子怎么不写作业？想到这儿，她的怒火"噌"地一下就上来了。

果果看到妈妈回来，立刻跑过来："妈妈，我有好消息要告诉你！"

果果妈妈说："什么好消息？我最想听到的好消息，就是你早早写完作业，上床睡觉，别出幺蛾子。我已经够忙、够累了，不想天天半夜还得盯着你写作业。"

果果听妈妈这样说，一下子愣在了原地。

果果爸爸急忙从厨房出来打圆场："瞧你说的什么话，孩子是真有好消息跟你分享。"

果果妈妈说："你还说我？你早早就下班了，怎么不盯着孩子写作业？什么好消息？说吧，我听着呢。"

可是果果低下头，一点儿也不想和妈妈分享好消息了。

果果爸爸说："你这脾气也太坏了，逮谁跟谁发火。告诉你

吧，果果选上中队长了。我特意奖励她玩会儿玩具，还做了你爱吃的饭菜庆祝呢。"

果果妈妈一听，立刻转怒为喜："好孩子，太棒了！妈妈真为你感到骄傲。"

果果却"哇"的一声哭出来："不棒，一点儿也不棒。都是因为我，妈妈才发脾气。我不想当中队长了。"说着，就哭着去写作业了。

"唉，你的脾气啊，真得改改了。"果果爸爸说着就去安慰果果了。

只留下果果妈妈一人呆愣在原地。

原本温馨的庆祝晚宴，因为果果妈妈的坏情绪，还没开始吃，就搞砸了。

孩子的生活环境相对封闭，受家庭和学校氛围的影响较大。尤其是家庭氛围，对孩子的性格养成有很强的"浸染"作用。在上述小剧场中，果果妈妈回到家，把加班带来的坏情绪发泄在孩子身上，破坏了原本温馨的家庭氛围，影响了孩子的心情，并对孩子的心理造成一定伤害。

此外，孩子的心理还没有完全成熟，他们常常会曲解自己和世界的联系。当家里有好事发生时，他们会认为是自己带来的好运。当家庭气氛紧张时，他们也会把原因归咎到自己身上。

当果果妈妈因为压力大而发脾气时，果果主观地把原因归咎到自己身上，认为是自己的"好消息"才导致了这种可怕的后果。所以，她本来想要和妈妈分享"好消息"的愉悦，瞬间变成了沮丧，甚至就连中队长也不想当了。

孩子在和谐、有爱的家庭环境中，能建立起足够的安全感，也能培养爱说爱笑、自信开朗的性格。相反，如果家庭氛围不和谐，在孩子眼里，父母的坏脾气就像不定时炸弹一样，随时可能会发生爆炸。孩子不仅不会建立起安全感，还会感到焦虑、恐惧。长此以往，孩子会形成孤僻、自卑、胆小、敏感的性格，离快乐越来越远。

一正老师有话说

父母的"幸福度"决定孩子的"快乐值"

家庭是孩子成长的"避风港"和"安全港"。家庭氛围对孩子的成长格外重要，直接关系到孩子的身心健康。每位父母都希

望自己的孩子快乐、幸福地成长。其实，让孩子快乐和幸福的密码很容易解开，只要做到以下三点就可以。

一、构建和谐、有爱的家庭环境

和谐、有爱的家庭环境，是孩子健康、快乐成长的基石。健康、快乐的家庭氛围会让孩子感受到家庭的温暖，帮助孩子建立起强大的安全感和自信心，形成乐观向上的人生态度，还能让孩子保持身心愉悦，发自内心地感到快乐和幸福。

二、父母情绪稳定

这一条可以说是上一条的前提条件，因为只有父母能控制自己，让情绪保持稳定，才可能创造出良好的家庭氛围。同时，只有情绪稳定的父母，才能培养出情绪稳定的孩子。父母拥有"稳稳的幸福"，孩子自然无忧无虑；相反，如果父母不快乐，孩子也不会幸福。因此，为人父母应当控制自己的脾气，保持稳定的情绪，即使有压力、有坏情绪，也不要随意在孩子面前表现出来。

三、关注孩子的情绪

孩子正处于成长阶段，容易出现情绪波动。父母应当时刻关注孩子的情绪，当发现孩子存在不良情绪时，应当及时给予关注和引导，帮助孩子战胜情绪"怪兽"。孩子的情绪得到接纳和处理，才更容易获得健康和快乐。

2. 刚来就闹着要走，他到底想干吗？

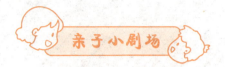

　　年底，大伟妈妈所在的公司准备了一场年会，并且贴心地声明可以带家属参加。大伟平时十分喜欢热闹的场合，大伟妈妈特意带大伟去参加年会。可是，大伟刚待了一小会儿，就觉得没意思，嚷嚷着要回家。

　　大伟妈妈说："刚来一小会儿，还没看节目，怎么就要回家？"

　　大伟不耐烦地说："没意思，我不喜欢这里。"

　　大伟妈妈安慰道："你不是最喜欢新年装饰吗？你瞧，这里装饰得多漂亮啊，还有这么多好吃的、好玩的，为什么要回家啊？"

　　大伟四处瞧了瞧："什么破玩意儿，有什么稀奇的？一点儿也不好玩。"

　　大伟妈妈耐着性子劝道："再待一会儿，演出节目很好看。"

　　大伟拽着妈妈的胳膊直嚷嚷："不要，不要，这里一点儿也不好玩，我现在就要走，现在就要走。"他这一闹不要紧，好几个同事都朝这边看过来。

　　大伟妈妈也生气了："你这孩子怎么不听话啊！"

　　大伟突然"哇"的一声哭开了，边哭边嚷："妈妈坏，妈妈讨厌，我要回家……"周围的同事听到哭声，纷纷过来劝。大伟妈妈尴尬得不行，拽住大伟的胳膊就往外走。

这时，大伟的鞋带开了，大伟妈妈不耐烦地蹲下身帮他系鞋带，但是抬起头时发现，原本喜庆的装饰和满桌美食不见了，眼前只有桌子和凳子以及大人们的屁股和腿，耳边只听到嘎嘎作响的高跟鞋和嗡嗡的说话声。

原来，从孩子的视角看，年会果然很没意思。

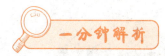

孩子是一种神奇的生物，他既能给父母带来无穷的欢乐，也能给父母带来一地鸡毛。许多孩子的想法十分独特。有时候，本来是欢乐的时刻，孩子却无缘无故地哭闹起来；外出旅游时，累得要命，孩子却一定要让父母抱；去商店时，明明只是个不值钱的小卡片，孩子却执着地一定要得到，甚至跑到垃圾桶里去捡。父母开心时，他惹父母生气；而当父母不耐烦时，孩子却又小心翼翼地跑来哄父母开心，用各种办法讨好父母。

其实，父母对孩子的不理解，源于成人和孩子的视角不同。在上述小剧场中，大伟妈妈起初觉得大伟十分讨厌，直到蹲下身，才发现孩子眼里的世界有多么可怕。直到此时，大伟妈妈才理解了大伟。

孩子的身高和成人的身高有较大差距，视线水平不在同一个层次。因此，他们看到的风景和事物可能和成人看到的全然不同。此外，随着孩子逐渐长大，有了独立的生活圈子和学习圈子，他们的想法可能更加难以捉摸。

知道他怎么想，比知道他为什么这么想重要

为人父母是一场修行，在这场修行中，父母需要不断地完善自己、改变自己，尽最大努力去理解孩子、包容孩子，这样才能帮助孩子、成就自己。那么，父母怎么才能理解孩子的想法呢？其实只要做到以下几点就可以。

一、学会换位思考

当孩子哭闹或闯祸时，父母不要急着挥起"权威的大棒"，而是应当转换视角。蹲下身，用孩子的视角来观察；换位，用孩子的角色来体会。只有站在孩子的立场上思考，才能理解孩子的想法。

二、学会倾听孩子的声音

父母是育儿的"多面手"，既要上知天文下知地理，又要能文能武，关键时刻还要充当"解语花"，学会倾听孩子内心真实的声音，这样才能更好地理解孩子。

例如，以前品学兼优的学生，突然性情大变，对学习失去兴趣；原本乖巧的孩子，突然变得叛逆；原本兄友弟恭的双胞胎，突然开始"争风吃醋"……孩子性情大变，肯定是遇到了难以跨越的困难，受到了某种刺激。父母要理解孩子，就要化身"侦探"，从孩子的日常言行里查线索、找由头，揪出问题的关键。只有这样，才能真正地理解孩子，帮助孩子渡过难关。

三、学会发现孩子的闪光点

现实生活中，说起孩子的缺点，许多父母如数家珍，滔滔不绝。但是提起孩子的优点，却一只手都用不完。然而，要理解孩子，就要走进孩子的内心，发现孩子的小小闪光点，并且给予肯定。只有这样，亲子关系才会越来越和谐，父母才能越来越理解自己的孩子。

3.动不动就哭闹，孩子有时候真"讨厌"

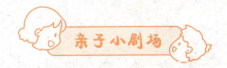

亲子小剧场

　　婷婷妈妈是个急脾气，经常以命令的口吻对婷婷说话。以前婷婷小，妈妈说什么她就听什么，是妈妈的"贴心小棉袄"。随着年龄的增长，婷婷却越来越叛逆，总是和妈妈"唱反调"。周末，吃过早饭后，妈妈看到婷婷在玩游戏，就催她写作业。

　　婷婷妈妈说："婷婷，别玩游戏了，快去写作业！"

　　婷婷说："不行，我还没玩够呢，等玩够了再写作业。"

　　婷婷妈妈一听，气就不打一处来："玩游戏有够吗？告诉你啊，赶快去写作业。"

　　婷婷也生气了："你让我干吗，我就得干吗啊？我就不听你的，偏不写作业。"

　　婷婷妈妈又急又气："你这孩子怎么越大越讨厌啊？我说往东你偏往西。"

　　婷婷一听也不干了："谁讨厌了？你才讨厌呢！整天命令别人干这干那的，你怎么不去干呐？为什么总盯着我啊？"

　　婷婷妈妈的音量立马提高了一个八度："我是你妈！我不管你谁管你啊？！"

　　婷婷毫不示弱，大喊着："你是我妈就能命令我啊？我都多大了你还命令我？告诉你吧，你再怎么说，我也不会做的！"

婷婷妈妈气得团团转："你这孩子怎么这样？这样做对你有什么好处？"

婷婷看到妈妈着急上火的样子，却笑了："对我没好处，对你更没好处，只要看到你生气我就高兴！"

听到婷婷这样说，婷婷妈妈差点儿晕过去。她不明白，好好的孩子怎么就变得越来越讨人厌了呢？

一分钟解析

在生活中，孩子哭闹时，家长常常不由分说就给孩子贴上"熊孩子""淘气包""讨厌鬼"等标签。殊不知，"讨厌"的孩子都是家长教育出来的。

上述小剧场中的婷婷妈妈是一个十分强势的妈妈，总是用命令的语气跟孩子说话，而婷婷长大后，自我意识萌发，越来越想掌握自身活动的自主权。然而，面对强势的妈妈，婷婷的心愿很难达成，只能用唱反调来发泄内心的怨气。

在现实生活中，许多父母是"双标达人"，不反思自己的行为，却总爱给孩子贴各种"标签"，把孩子的不听话、唱反调，视为孩子讨人厌的证据。

其实，孩子和父母对着干，无非因为以下几种情况。

第一种情况：父母很开明，不限制孩子的行为。偶尔提醒孩子不要做某件事，孩子可能会小小的叛逆一下，但是这种"唱反调"的行为，大多是出于好玩和调皮。之后，孩子仍然会听从父母的建议。

第二种情况：父母很严格，把"你不许……""你只能……""必须……"挂在嘴边，对孩子的每种行为都有着明确的规定，约束力强。例如，只许干这，不许干那；只准往东，不准往西等。当孩子自我意识越来越强烈时，这些规定就会成为孩子迫不及待想要打破的枷锁。这时，孩子就会事事处处和父母对着干，往往事后也不容易屈服。

第三种情况：父母平时忽视孩子，孩子故意通过"唱反调"来引起父母的关心和注意。

因此，当孩子出现惹人厌的行为时，父母不应当一概而论，也不要急着给孩子"贴标签"，而是应当就事论事，分析孩子"讨厌"的原因，这样才能有针对性地解决问题。

一正老师有话说

随便给孩子"贴标签"的行为更讨厌

孩子的行为可能很讨厌，但是父母随意给孩子"贴标签"的行为更讨厌。当你觉得孩子很讨厌时，不妨试试这样做：

一、撕掉孩子身上的标签

一些父母总喜欢给孩子贴各种标签，如"学霸""优秀""听话""调皮""讨厌鬼"……当父母给孩子贴上标签的那一刻，就在无形中生成了对孩子的刻板印象。在观察孩子的言谈举止时，不自觉地和刻板印象对标。用刻板印象把孩子"圈禁"在一个无形的牢笼里。

然而，事实上，孩子并不是一成不变的，而是不断成长的。因此，当父母觉得孩子的某些行为讨厌时，不妨试着先撕掉孩子身上的标签，公正客观地看待孩子的言谈举止。

二、把命令换成建议

心理学上有一个著名的"白熊试验"，这个试验只有一句话，即"别去想一头白熊"。这看似是一句八竿子打不着的话。白熊和试验对象的年龄、身份没有一点关系，压根不相关。然而，奇怪的是，试验对象们却因为这句话反而不断地去想白熊的形象。由此得出的结论是，当人们被禁止做一件事时，人们反而越想去做这件事。在亲子关系中也是如此。

　　父母在和孩子交流时，不妨换　种语气，把命令换成建议，可能会收到事半功倍的效果。

4. 一点儿小事，
怎么说个没完？

亲子小剧场

　　春天到了，彤彤妈妈买了一篮新鲜的草莓。彤彤看到草莓后，想起了最近新学的知识。

　　彤彤说："妈妈，你知道吗？草莓身上有一个小秘密。"

　　彤彤妈妈说："噢？是什么小秘密啊？"

　　彤彤说："其实啊，草莓的果肉并不是它的果实，而是它膨大的花托。这种像芝麻一样的小颗粒才是草莓真正的果实。"

　　彤彤妈妈说："哦，原来是这样啊。"说完，彤彤妈妈就去做家务了。过了一会儿，彤彤又拿着草莓来到妈妈面前说："妈妈，你知道吗？草莓身上有一个小秘密。"

　　彤彤妈妈说："知道啊，刚才你已经说过了。草莓的果肉并不是它的果实。"

　　彤彤说："是啊，我再完整地给你讲一遍……"

　　彤彤妈妈说："哦哦，好的，我知道了。"彤彤妈妈说着就去做饭了。

　　晚上，彤彤爸爸回来后，彤彤又对爸爸说："爸爸，你是不是以为草莓的果肉就是它的果实？其实啊，草莓身上有一个小秘密……"

　　彤彤妈妈听着这个"秘密"哭笑不得，彤彤已经讲了三遍

了，还不嫌烦吗？

晚饭后，彤彤想要画一张草莓图。她一边画一边说："爸爸妈妈，你们知道吗？草莓可不是一般的水果，它有一个自己的小秘密……"

彤彤的爸爸妈妈不禁对视一眼，摇了摇头，这一点儿小事儿，孩子怎么说起来没完没了呢？

一分钟解析

孩子学习说话时，或者获得了一个新知识之后，经常会出现说起来没完没了的情况。其实，当孩子反复说一点儿小事儿时，是在和父母分享情绪和信息。

上述小剧场中的彤彤从书本上学到了草莓的知识，在现实生活中见到真实的草莓后，不自觉地把书本和现实对照起来，对知识的理解更加深刻，获得了一种自我认知的满足感。因此，她会反复对爸爸妈妈说起草莓的"小秘密"。然而，彤彤的父母没有理解她的真实意图，还嫌孩子烦。

面对这种情况，有的父母会直接剥夺孩子的话语权，强行命令孩子闭嘴。这样，孩子可能安静了，但是亲子关系岌岌可危了。

有的父母听到了装作没听到，也懒得回应。孩子就像在唱"独角戏"，要说什么尽管说，却得不到任何回应。这样的父母是典型的人在心不在。在这样的家庭氛围里，就算父母都在身边，孩子的内心依然会觉得孤独。

还有的父母明白沟通和互动的重要性，孩子说话时，他们在旁边心不在焉地回应"嗯""啊""好棒"，却没有真正把孩子的话听到心里，只是假装在和孩子交流，没有也不会真正走进孩子的内心。

此外，还有一种父母，当孩子说话时，他们会选择性倾听，只听自己喜欢听的部分，选择性地忽视自己不愿意听的部分。这种做法往往会遗漏孩子话里的真实信息。

一正老师有话说

小事儿里藏着"大秘密"

俗话说："言为心声。"一个人的话语里，藏着他内心深处的"大秘密"。孩子也是一样，他们的嘴里反复念叨的小事儿里藏着其真实的情绪和信息。父母如果认真倾听，及时引导，可能会有大收获。当孩子反复说一件小事儿时，父母应该用下面行为进

行回应。

一、及时响应

当孩子反复说一件事儿时，父母应当及时响应。同时，询问孩子："这件事儿你是怎么知道的？这个知识你是从哪里得来的？"父母的询问既能表示认真倾听了孩子的话语，又能进一步激发起孩子的表达欲，还可以从侧面了解孩子在学校的情况，可谓一举多得。

二、积极引导

孩子对外界的感知十分敏锐，经常能够发现成人习以为常的细节。当孩子反复说一件事儿时，父母可以积极引导，询问孩子："你是怎么看待这件事儿的？这个知识对你有什么启发？这个知识是不是适用于同类事物？"通过这样的积极引导，把孩子内心深处想要分享的冲动转化为进一步的思考，培养孩子的独立思考能力、看待问题时举一反三的能力以及将理论和实践相结合的能力。

5. 做事情毛手毛脚，
"闯祸精"
怎么搞定？

　　程程性格活泼好动，总是一副快乐的样子。然而，他却是妈妈眼里的"闯祸精"。有时偷偷带零食去学校，有时故意在教室乱跑乱跳，有时又故意找碴和同学吵架……周末，程程在家里摆弄照相机，一不小心把照相机镜头摔碎了。程程妈妈听到响声，出来一看，顿时就急了。

　　程程妈妈说："程程，干吗呢？"

　　程程自知理亏，小声说："我就是想看看，不是故意的……"

　　程程妈妈惋惜地说："你知道这台照相机的镜头有多珍贵吗？这是妈妈上学时用奖学金买的呢。"

　　程程低下头："对不起……"

　　程程妈妈说："谁让你拿这个的？明明在柜子里放得好好的，谁让你拿出来的？"

　　程程说："我就是好奇它是什么，才拿出来看看。我不是故意要摔碎的。"

　　程程妈妈说："你就是故意的，你闯的祸还少吗？"

　　程程说："我这次真不是故意的，我就是看那个盒子那么大，想打开看一下。"

　　程程妈妈说："每次你闯祸后都说不是故意的。带零食去学校不是故意的吗？在教室乱跑乱跳不是故意的吗？跟同学吵架那次，不是你故意找碴儿吗？……"程程妈妈像连珠炮一样，不停地说着程程以前闯祸的经历，越说越生气。

程程听着听着也生气了："哼，我就不是故意的，每次都不是故意的。再说了，你不是说原谅我了吗？原谅我了你还说我，原来你在撒谎！"说着，程程就打开门跑出去了。

程程妈妈顾不上惋惜和生气，急忙去追孩子……

一分钟解析

孩子好奇心重，探索欲强，但是做事时总是毛手毛脚，一不小心就把家里搞得一地鸡毛。

上述小剧场中的程程，看到柜子里的大盒子，在好奇心的驱使下打开看，结果不小心摔碎了妈妈心爱的相机镜头。程程妈妈既头疼孩子频频"闯祸"的行为，又心疼自己的照相机镜头，既惋惜又生气，忍不住翻起了旧账。闯了祸的程程，本来十分愧疚，却被妈妈翻旧账的行为激怒，一气之下跑了出去。

其实孩子"闯祸"的过程，就是孩子探索新事物的过程。这种探索精神弥足珍贵，需要父母积极引导，用心呵护。

面对"闯祸精"，有的父母眼里容不得一粒沙子，孩子稍微

犯点儿错就大吼大叫，如临大敌。有的父母为了降低孩子的犯错率，大包大揽，限制孩子的行为。这些做法虽然看似立竿见影，但是从长远看，这些做法并不能培养出快乐幸福、担当有为的后代。

如果孩子一闯祸父母就暴跳如雷，就会让孩子把探索和恐惧画等号。长此以往，孩子不但会变得胆小怕事，还会失去好奇心，丧失积极进取的魄力。而如果父母处处包办，一件小事都对孩子耳提面命，就会养出依赖父母的"巨婴"。

顺势而为，降服"闯祸精"

俗话说："读万卷书不如行万里路，行万里路不如阅人无数。"只有经历风雨的海燕，才能成长为乘风破浪的勇者。家有"闯祸精"，父母不妨尝试以下办法，把孩子培养成顶天立地的万年松。

一、眼要"瞎"

眼要"瞎"，就是眼里要揉得进沙子，容得下孩子的小错。孩子闯祸后，父母不要急赤白脸地吼叫，更不能"剥夺"孩子的犯错权，而是先引导孩子想办法善后，事后再和孩子讨论闯祸的原因和教训。只有家长适度地眼"瞎"，才能容得下"闯祸精"，才能让孩子在不断试错中汲取教训，不断成长。

二、手要"懒"

手要"懒"，就是父母要顺势而为，让孩子参与到家务劳动中来。这样既能满足孩子探索新事物的需求，又能赋予孩子一定的家庭责任感和归属感，还能从劳动中获得成就感和自豪感。同时，父母的手"懒"一些，孩子的自理能力就会强一些，做事时才会考虑得更加周全。此外，还可以借此引导孩子为家庭负责，学会关爱他人，减少"闯祸"频率。

三、心要"大"

心要"大"，就是父母不能因为孩子频繁"闯祸"就处处包办，而是要鼓励孩子不断试错。南宋诗人陆游说过："纸上得来终觉浅，绝知此事要躬行。"有的事，父母说千百遍，不如孩子亲自试一遍。通过试错，孩子能在未来的成长中杜绝同类错误，成长得更快、更好。

6. 说一句就哭，怎么这么娇气？

别哭了，老师只是提醒你注意动作。

不，太丢人了，我不喜欢舞蹈课了。

亲子小剧场

柠檬是个 6 岁的小姑娘，有一天上舞蹈课的时候，老师刚纠正完柠檬的动作，柠檬就莫名其妙地哭了起来，老师十分纳闷，不知道是怎么回事。为了不影响班上其他小朋友的进度，柠檬妈妈只好先把她带到楼道里。过了好一会儿，柠檬才渐渐停止哭泣。

柠檬妈妈说："怎么啦？为什么突然哭了？"

柠檬边抽泣边说："我不喜欢舞蹈课了，以后都不要上舞蹈课了。"

柠檬妈妈疑惑地问："你不是最喜欢舞蹈课吗？为什么突然就不喜欢了？"

柠檬说："今天起就不喜欢了，以后再也不来了。"说着，就拖着妈妈回家。

柠檬妈妈急忙说："等等，不想来以后可以不来，但是要告诉我原因。"

柠檬一听，眼泪又掉下来了，过了好半天，才低声说："老师批评我了。"

柠檬妈妈蒙了："没有啊，刚才妈妈看得很清楚，老师就纠正了一下你的动作，没有说别的啊。"

柠檬说："她就是批评我了。"

柠檬妈妈说："怎么批评你的？"

柠檬说："说我的动作不对。"

柠檬妈妈说："老师是在帮你纠正动作。这很正常啊，老师也帮其他小朋友纠正动作了啊。"

柠檬说："不对，她就是在批评我。"

最后，无论柠檬妈妈怎么劝，柠檬都认定是老师批评了她，一进教室就哭，只好暂时停课回家了。

一分钟解析

在现实生活中，有很多"玻璃心"的孩子，经常因为旁人说了一句话就哭，显得十分娇气。上述小剧场中的柠檬，只因为舞蹈老师帮她纠正了一下动作，就认为是老师批评了自己，哭闹着不上课，这就是典型的"玻璃心"孩子。

孩子的"玻璃心"，大多是自尊心太强造成的。一般来说，当孩子的自尊心过于强大时，往往会导致孩子追求完美，重视别人的评价。当别人的评价和自己的期待值差距较大时，孩子就会出现过激情绪和行为，让父母十分头疼。

其实，孩子的"玻璃心"都是被父母"养"出来的。在现实生活中，一些父母为了保护孩子的自尊心，常常过度表扬孩子。哪怕是微不足道的小事，也要夸上半天。这样很容易导致孩子产生错觉，过于高估自己的能力。一旦遭遇批评，就会忍不住哭泣。

还有的父母，害怕孩子输在起跑线上，对孩子抱有过高的期待，要求孩子事事争第一，处处显优秀。在这种高标准的要求下，孩子的自尊心过强，极其在乎自己的表现，不允许自己有一丁点的不完美。当这类孩子的自尊心受挫时，很容易陷进情绪的深渊不能自拔。

另外，有的父母对孩子的保护过了头，不仅百依百顺，还要什么给什么。孩子的愿望总能轻易达成，无论做什么，都一帆风顺。长此以往，孩子会产生一种"唯我独尊"的优越感。一旦孩子走出家庭的"温室"，进入真实的社会后，就容易成为"爱哭鬼"。

巧用自尊心，拯救"玻璃心"

孩子就像一张白纸，一笔一画都是父母的杰作。过强或过弱的自尊心，都会影响孩子的成长。那么，如何拯救"玻璃心"，

把"爱哭鬼"变成"开心果"呢？只要做到以下三点就可以。

一、砌台阶

孩子犯错后，父母不要急着批评孩子，而是要先表扬再批评，在保护孩子自尊心的前提下，指出孩子的不足，给孩子砌一个承认错误的台阶，让孩子顺着台阶承认错误并改正错误。这样既能维护孩子的自尊，又能解决问题，还能让孩子意识到自己的不足。

二、树镜子

父母作为孩子的第一任老师，对孩子的影响十分深远，甚至可以说，父母是孩子的一面镜子。如果父母的自尊心过强，处处逞强，事事好胜，凡事追求完美，在潜移默化中，孩子也会养成事事拔尖的习惯，不利于培养孩子健康的自尊心。在这种情况下，父母应当先改变自己，这样才能给孩子树立一面积极、健康，既有坚持自我，又能虚心接受批评的镜子。

三、多元评价

人生具有无限可能，优秀从来不是只有一个标准。在评价孩子时，不能一味表扬和批评，而是应该建立多元评价标准，在指出孩子的优点时，不忽略其缺点。用多元评价标准，让孩子明白每个人都十分特别，都有自己的长处，也有自己的不足，从而引导孩子正确看待自己和他人，树立积极健康的人生观和价值观。

第二章　有效对话

找到亲子沟通的"钥匙"

7. 绕来绕去，
她究竟想说什么？

亲子小剧场

玲玲放学后一直闷闷不乐，妈妈让她写作业也不写，收拾房间也不动。要知道，玲玲平时可是个小话痨，今天是怎么回事？

玲玲妈妈说："宝贝，今天在学校不开心吗？"

玲玲说："没什么不开心啊。"

玲玲妈妈说："那今天有什么事要跟我分享吗？"

玲玲说："唉，妈妈，你知道吗？今天我差点儿就能被选上班长了。"

玲玲妈妈一边收拾房间，一边回答："噢，这个事儿啊。这次没选上也没关系，下次努力就好了。"

玲玲说："明明我已经很努力了，我准备了那么久。妈妈，你知道吗？这次就差了一点点，跟第一名就差了两票啊。可是你一点儿也不关心，就知道让我努力。"

玲玲妈妈说："我很关心，可是这次班长选举已经结束了，你与其纠结这次的结果，不如想想下次怎么努力吧！"

玲玲说："算了，我真是跟你没话说，一点儿也不关心我、理解我。我在你眼里就不是当班长的那块料吧。"

最后，玲玲飞快地走进自己的卧室，"咣"的一声关上卧室

门，把妈妈气了个半死。

许多父母发现，随着孩子逐渐长大，越来越难和孩子展开有效对话了。其实，主要原因是父母无法听懂孩子的真实需求。

在上述小剧场中，玲玲妈妈注意到了玲玲的反常情绪，并且通过关心和询问，打开了玲玲的"话匣子"，顺利地弄清了玲玲不开心的原因——竞选班长失败。

当玲玲向妈妈表达了竞选班长失败后的委屈和不甘后，她的内心深处迫切想要得到妈妈的安慰。然而，玲玲妈妈却没有洞察到玲玲的真实情绪，而是轻描淡写地让玲玲下次继续努力。这句话点燃了玲玲的怒火，把竞选失败后的消极情绪一股脑倾倒了出来。

其实，如果玲玲妈妈能洞察到她竞选失败后的失落与不甘，就能有针对性地安慰孩子，正确地鼓励和引导孩子，而不是用敷衍的口气，硬生生把孩子从身边推开。

倾听 ≠ 听到。听到是一种被动的行为，指声音传到了耳朵里。而倾听，则是一种主动的行为，不仅指听到了某些话语，还指深入地理解了这些话语中所包含的情绪和需求。许多父母和孩子交流时，经常一边做自己的事，一边听孩子说话。因此，他们只能听到孩子的声音，看不到孩子的表情，有时不能充分理解孩子的"潜台词"。而在孩子看来，父母的行为，就是敷衍和忽略的代名词。相应地，他们就会做出种种反抗行为，久而久之，还会彻底关闭心门，拒绝和父母沟通与交流。

一正老师有话说

倾听，是沟通的前提

沟通 ≠ 说话。沟通是不同信息间的交流，是一种心与心的互动。而倾听，是有效沟通的第一步。和孩子沟通的前提是先听孩子说话。

怎样才能听到孩子的真实需求呢？只要做到下面三个方面就可以。

一、专心倾听

有的父母和孩子沟通时，经常"一心二用"，甚至"一心三用"。常常一边做家务一边和孩子沟通，或一边玩手机一边漫不经心地和孩子聊天。这种行为会给孩子一种错觉，认为自己说的话不重要，爸爸妈妈根本就不关心他。所以，父母在和孩子沟通

时，应当保持积极的倾听态度：放下手头的事情，和孩子一起坐下来，看着孩子的眼睛，认真地听孩子的话。只有这样，父母才能轻松捕获孩子话里的情绪，读懂孩子的"潜台词"。

二、鼓励孩子大胆表达

孩子的烦恼可能只是一件微不足道的小事，父母觉得没必要为此烦恼。但是，当孩子向父母讲述时，父母不能随意打断孩子，相反，还要表现出极大的兴趣，这样才能鼓励孩子大胆表达。只有孩子充分敞开心扉，父母才能走进孩子的内心，弄明白孩子的真实想法。

三、积极回应

父母明白孩子的真实想法后，就要对孩子的真实情绪进行积极回应。比如，用慈爱的目光注视孩子、拥抱孩子、拍拍孩子的肩膀等，用简单的动作表达对孩子的关心和支持；或者重复孩子的话语，提一些简单的问题，帮助孩子更加充分地表达自己的感受。当孩子感受到父母的关注后，会更容易开口表达自己真实的意愿，更愿意主动和父母交流，展开有效对话。

8. 孩子有了小秘密，怎么打听他才说？

你看起来有心事，能跟我说说吗？

别问了，我什么事都没有。

小怡原本是个活泼开朗的孩子，可是自从上了三年级，却像锯了嘴的葫芦一样，变得越来越沉默。不管爸爸妈妈怎么问，小怡都说没事，却越来越沉默。爸爸妈妈担心极了，跟班主任打听。班主任却反映小怡在学校很正常，和同学有说有笑，和老师的交流也通畅无阻。那为什么她在家却很少开口，一副心事重重的样子呢？这天晚饭后，小怡妈妈照常跟小怡聊起了天。

小怡妈妈说："你看起来有心事，能跟我说说吗？"

小怡说："我挺好的，没心事。"

小怡妈妈说："上课举手回答问题了吗？"

小怡说："回答了。"

小怡妈妈说："哪门课回答的？"

小怡说："好几门课都回答了。"

小怡妈妈说："都答对了吗？哪个没答对？"

小怡说："都答对了。"

小怡妈妈说："英语呢？"

小怡说："英语也答对了啊。"

小怡妈妈说："有没有特别难的课程？"

小怡说："作文比较难。"

小怡妈妈说："作文有什么难的？你平时要是坚持阅读了，词汇量够了，别说几百字的小作文，就是上千字也不成问题。对了，你今天阅读了吗？快去阅读吧。"

小怡说："噢。"小怡说完，转身就回房间读书了。

小怡妈妈却在后面抱怨道："唉，问一句说一句，不问就不说，这孩子怎么变成这样了啊？"

一分钟解析

随着孩子逐渐长大，社交圈子越来越大，"小秘密"也越来越多。原本和孩子关系最亲密的父母，却越来越难走进孩子的内心。尤其是到了小学高年级，父母有时候会觉得孩子好像变了一个人似的，完全不知道孩子在想什么。许多父母不甘心孩子和自己越走越远，于是绞尽脑汁想问出孩子的心里话。然而许多父母用错了方法。

上述小剧场里，小怡妈妈在和小怡聊天时，就犯了两个典型错误。

第一，问题单一又笼统，像工作汇报。小怡妈妈问的问题十分单一，全部围绕学习展开。同时比较笼统，孩子只能给出一个模棱两可或相对笼统的回答。面对这样的问题，孩子就像对妈

妈汇报工作一样，没有太大的兴趣。

第二，针对孩子的困惑给予打击和否定。在小怡妈妈的不断追问下，小怡告诉妈妈作文比较难。这是小怡的真实感受。如果小怡妈妈能理解小怡，就有可能问出小怡的心声。然而，小怡妈妈并不理解，反而把问题归于小怡的阅读量不够。小怡失望地回了房间，估计以后更不愿意和妈妈聊天了。

正确的沟通，不是说教，不是下结论，不是打击和否定，而是把思考的权利还给孩子，洞察孩子的需求，响应孩子的情感，才能走进孩子的内心。相反，如果孩子才说了一句，父母就急着否定孩子，孩子肯定就不会主动向父母倾诉，亲子之间的距离也会越来越远。

有趣的问题，才能引出有趣的答案

亲子沟通不是单一的你问我答，而是双向的，双方有问有答，积极互动，才能称得上"有效对话"。那么，父母怎么问，才能问出孩子的心里话呢？只要注意以下四个方面就行。

一、从小处问起，杜绝大而笼统的问题

父母在向孩子提问时，要杜绝大而笼统的问题，问具体、可以展开的问题。例如："今天上了什么课？""最喜欢哪门课，是喜欢课程本身还是喜欢教这门课的老师？"等。通过这些具体的问题，可以大致了解孩子的学习状况。

二、从侧面问起，避免给孩子审问的感觉

有的父母在询问孩子时，问题一个接一个，显得咄咄逼人，孩子却避而不谈。遇到这样的情况时，父母不妨从侧面问起。比如："班里有多少名学生？""谁最出色？谁最调皮？"用这种方法"套路"孩子，让孩子主动开口讲出心里话。

三、通过分享自己的经历，引导孩子开口

父母在和孩子交流时，可以先分享自己见过或经历过的趣事，营造轻松有趣的氛围。在这种积极的氛围下，再鼓励孩子开口讲述类似的经历，引出孩子的心里话。

四、给孩子积极正面的反馈

当孩子说出某个观点或事实后，父母不要急着否定孩子。相反，父母应当通过语言或动作鼓励孩子继续说下去。例如，一个鼓励的眼神、一个好奇的追问等。这样，孩子才能敞开心扉，讲出心里话。

9. 跟父母没话说，让他打开"话匣子"太难了

明明14岁了，明明爸爸觉得父子间的代沟越来越明显了。尤其是最近，明明爸爸被安排到异地工作，每周才能回家一次，工作日和家里打视频电话时，明明打个招呼就不再露面了。明明爸爸周末回家后，明明和爸爸打过招呼后就没话可说了。

明明爸爸主动开口问道："最近学习怎么样？"

明明低着头回答道："挺好的。"

明明爸爸说："数学怎么样？"

明明说："数学还行吧。"

明明爸爸说："语文呢？"

明明说："语文也可以。"

明明爸爸说："哪门课学起来比较困难啊？"

明明说："都还行吧。"

明明爸爸转移话题："下次我给你带个拼图回来。"

明明说："不用了，我早就不玩拼图了。"

明明爸爸说："你喜欢玩什么？"

明明说："什么也不喜欢。妈妈让我9点开始写作业，我该去写作业了。"

明明爸爸说："噢，那快去写作业吧。中午想吃什么呢？"

明明说："随便，什么都行。"

明明爸爸说："你正长身体呢，吃的可不能随意，中午给你做红烧排骨吧！"

明明说："行吧，什么都行。"

明明爸爸说："有什么想吃的你就说，爸爸给你做。"

明明说："没什么特别想吃的，你做什么我就吃什么。我先去写作业了。"

明明说着就去写作业了，只留下爸爸一个人望着明明小时候的照片发呆。

一分钟解析

孩子小时候就像一个"小话痨"，经常围着父母问问题，有什么事儿都会告诉父母。然而，随着年龄的增长，孩子的重心转移到学校，和同龄人的交流变得越来越多，和父母的交流变得越来越少。曾经的"小话痨"变成了不爱说话的孩子，甚至有的孩子到了青春期以后，和父母面对面的交流几乎为零，有事也只通过社交软件传达信息。

在上述小剧场中，爸爸到异地工作，每周才能回家一次，这从物理上拉开了亲子间的距离。而日常借助社交软件互动时，孩子和爸爸打过招呼后就不再交流，这从心理上拉开了亲子间的距离。物理空间和心理空间的双重隔阂，导致明明和爸爸之间的亲子隔阂越来越深，最终成了"最亲近的陌生人"。

从某种意义上来看，孩子的成长，就是父母和孩子分离的过程。伴随着孩子不断长大，父母会察觉到孩子似乎在排斥自己的亲近，还会发现越来越难融入孩子的生活。这一点反映在亲子交流上，就是父母和孩子的代沟越来越大，越来越无话可说。

尤其是孩子长大后，学会了隐藏心事，什么都不主动跟父母说了。许多父母不知道孩子喜欢的话题是什么，也不知道孩子的兴趣和爱好产生了哪些变化。他们十分努力地想要和孩子交流，但是话到嘴边，常常只会问："学习怎么样？"这些话干巴巴的，往往得不到孩子的积极回应。

找到打开孩子心灵的钥匙

很多父母既盼着孩子长大，又害怕孩子长大，更害怕孩子长大后和自己没有共同语言。其实，只要找到打开孩子心灵的钥

匙，不管孩子几岁，父母都能和孩子聊到一起。

那么，怎么才能找到打开孩子心灵的钥匙呢？只要掌握以下几个沟通方法就行。

一、从孩子的兴趣聊起

孩子长大后，不愿意和父母聊天，往往是因为觉得和父母聊天没意思。在父母眼里，孩子永远长不大，所以聊天时总是围绕着吃饱、穿暖、学习这类话题。时间一长，孩子就不想聊了。这时候，父母不妨从孩子的兴趣聊起。如果不了解自家孩子的兴趣，不妨平时对孩子多观察，留意同龄孩子的兴趣爱好，从而发现自家孩子的兴趣。每次从孩子的兴趣聊起，更容易打开孩子的"话匣子"。

二、使用开放式提问法

许多父母在聊天时往往用封闭式提问法，例如："今天在学校怎么样？""学习跟得上吗？"等这类大而空洞的问题。孩子往往用一句"还行"就结束聊天了。在这种情况下，父母不妨用开放式提问法。例如："你更喜欢数学还是语文？为什么？"孩子回答后，父母可以就这两门课的差异和孩子展开讨论。

三、多和孩子说"废话"

很多孩子上高年级后，父母和孩子的对话往往只围绕学习展开，十分无趣。每天的亲子交流，就像例行公事一样，变成了父母单方向的提问，孩子单方向的回答，缺少了互动和反馈。

在这种情况下，父母和孩子的交流中不妨加入一些学习之外的"废话"，如聊聊彼此喜欢的影视剧以及感兴趣的社会热点事件等，在轻松的氛围中逐渐打开孩子的心扉，构建良好的亲子关系。

10. 一开口孩子就嫌烦，我该怎么办？

又摆了一屋子！说多少回了，就是不听！别玩了，快收拾收拾，一会儿吃饭了！

妈妈，你可真烦……

　　周末，牛牛在家休息，上午玩玩具，把客厅的地板和沙发都摆得满满当当。中午要吃饭了，妈妈从厨房出来一看，立即火冒三丈。

　　妈妈说："你怎么每次玩玩具都到处乱扔，自己还从来不收拾！"

　　牛牛说："我知道了妈妈，以后会收拾的。"

　　妈妈说："你知道什么了？昨天就说知道了，现在还是不收，还是乱扔！"

　　牛牛说："这次我记住了……"

　　妈妈说："记住什么了？上周也是这样，摆了一屋子，我不停地跟你说，玩完之后自己收拾，你是没听懂还是故意的？没和你说是我的问题，和你说了你不执行，那就是你的问题！"

　　牛牛说："……"

　　妈妈说："你看看，你不收玩具，别人连坐的地方都没有，这地板上都是，走路还可能绊倒，而且，你不把玩具收拾好，再想玩的时候还会找不到……"

　　牛牛说："我不吃饭了行吧？你自己说吧！真烦！"

　　说完生气地离开餐桌，回到自己房间，"砰"地一下关上门。

一分钟解析

很多父母因为跟孩子说话而发狂。就像有个妈妈说的："我一直努力跟他说道理，说得我心脏病都要犯了，他还是不听，不但不听，还一脸不耐烦。每次都这样！"

孩子呢，也经常因为父母跟自己说话而烦躁，甚至因此拒绝跟父母对话。

为什么会这样呢？

一个研究者听完一段妈妈和孩子的对话后，惊奇地发现：母子两人几乎都不听对方在说什么，他们的谈话完全是各说各话，妈妈的话里全是批评、说教和指令，孩子的话则充满了否认和争辩。

上述"小剧场"几乎完整再现了这种沟通模式。可以说，这种模式在我们的生活中已经"泛滥成灾"，而对其给亲子关系带来的伤害，很多父母都毫无知觉。

毫无疑问，使用这种沟通模式进行的对话是彻头彻尾的无效对话。

是什么造成了这种沟通的悲剧？父母对孩子批评和说教，是因为不爱孩子吗？孩子讨厌听父母说这些，是不爱父母吗？并不是。他们之间缺乏的是相互尊重、沟通的技巧。

孩子还在成长，遇到问题，他们不会想到怎么去处理、去解决，通常只会生气，对于情绪也没有认知，不懂处理，往往只会迁怒于他人。所以他们意识不到自己的问题，意识不到自己有问题，特别讨厌批评、讨厌说教，父母说他，他只会觉得父母喋喋不休。同时，他们很难表达出自己的感受，只能顺着本能反抗，反抗无效的话，就想逃离。

这个过程中父母做了什么呢？只有一件事：被激怒。

孩子的态度激怒了父母，于是带来更多的批评和说教，这样形成了恶性循环：父母一说教，孩子就感觉厌烦，孩子越烦越不听父母说话，于是父母变本加厉地说教。最终父母和孩子都生气，问题却没有得到解决。

一正老师有话说

进行教导之前，先听听孩子说什么

当孩子情绪激动时，他们是听不进任何人的话的。当你开始训斥孩子，他的情绪就开始激动了，这时，"这样想是不对的"，并不能对孩子产生真正的影响，"你没有理由那么想"，也达不到说服孩子的目的，"你知道错了吗？下次不许这样了"，

也不能增强孩子的记性。批评、说教、命令，这些都会让孩子无比厌烦，想离你远远的。

所以，父母要想跟孩子进行有效对话，先要处理好孩子的情绪，不要上来就把孩子往激动的方向赶。因为只有当孩子的心情平静时，他们才能思考，才能像瓶子打开瓶盖一样，把父母的建议和教导放进来。

怎样处理孩子的情绪呢？很简单，就是先听孩子说话，在认真聆听的过程中让孩子感受到自己被尊重，再进一步承认孩子的想法，对他试图解决问题的态度表示赞赏。通过聆听、尊重、接纳，让孩子处于情绪平稳的状态。孩子情绪平稳了，父母再想表达什么，都会产生效果。

还有，在跟孩子的相处中，父母要有意识地控制自己的情绪和语言，在情绪平和的情况下，用关心的语言跟孩子说话。而且尽量不要一次性说太多，因为孩子是坐不住的，你说得多了，他可能就开小差了："为什么我问一个小问题，妈妈都要说这么多，她再说，我就没时间玩了。"

11. 说一句顶十句，
   说什么都听不进去

琳琳最近总是闷闷不乐，因为她最好的朋友要转学了。自从听说了这个消息，琳琳就总是莫名其妙地发脾气。有一天，琳琳终于忍不住把这件事告诉了妈妈。

琳琳说："妈妈，我的好朋友娟娟下周就要走了，以后就没人跟我玩了！"

琳琳妈妈说："走了？她要转学了吗？你可以跟其他同学玩啊！"

琳琳说："不行，她是我最好的朋友，其他同学不是我最好的朋友。"

琳琳妈妈说："现在不是，以后就是了。"

琳琳说："现在不是，以后也不是。以后就只有我一个人了，没人跟我玩了。"琳琳说着忍不住哭起来。

琳琳妈妈说："你哭什么哭？学校那么多小朋友，怎么会只有你一个人？"

琳琳抹了一把眼泪："那么多小朋友，每个人都有自己的好朋友，只有我没有了。"

琳琳妈妈说："活该，谁让你以前只跟她一个人玩的。"

琳琳说："可是娟娟是我的好朋友啊，她对我最好了。我们一起玩、一起学习。我真的很舍不得她。"

琳琳妈妈说："你舍不得她也要走，转学可不是小事。以后你记着跟大家一起玩，不要只跟一个人玩了。"

琳琳捂住耳朵说："不听，不听，妈妈说的我不爱听，不要听。"

琳琳妈妈说："你不听我还懒得管呢！快去写作业吧！"

琳琳低下头，一边抹眼泪一边去写作业了。

一分钟解析

孩子向父母倾诉，就是在寻求帮助，父母应当设身处地为孩子着想，站在孩子的立场处理问题，而不是三言两语就把孩子打发走。

上述小剧场中，琳琳的好朋友即将转学，琳琳既有不舍，又有对未来的担心，但是琳琳妈妈没有注意到这一点，因此她的建议虽然正确，却对琳琳毫无用处。

孩子不是父母的延续，更不是父母的附属品，而是一个独立的个体，有健全的人格和独特的喜好。父母应当理解孩子、尊重孩子，想孩子所想，急孩子所急，这样才能把话说到孩子的心里去。

一正老师有话说

放下权威，平等沟通

父母是一个综合角色，不仅是孩子的家长，还是孩子的朋友。教你两招，把话说到孩子的心里去。

一、降低分贝，先建立情感连接

父母走的路比孩子吃的盐还多，在和孩子沟通时，习惯站在自己立场指手画脚，这样容易引起孩子的反感。如果父母降低分贝，用轻柔温和的语气和孩子交流，容易让孩子放下戒备，用心听父母的建议。

二、设身处地，给出解决方案

站在孩子的立场为孩子考虑，并提出解决方案。例如，在上述小剧场中，琳琳妈妈可以用"海内存知己，天涯若比邻"的古诗，让琳琳与好朋友好好告别，再为琳琳出主意，顺利和其他同学建立友谊。

第三章 说服孩子

怎么说服孩子听你的

12. 孩子油盐不进，真不知道怎么跟他讲道理

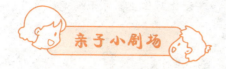
亲子小剧场

　　自从泽泽上了小学，每天晚上写作业都要写到半夜。有时候，快 11 点了，泽泽还在写作业。可是，其他同学 8 点就能写完作业。泽泽妈妈下决心纠正泽泽拖拉、磨蹭的坏毛病。

　　这天晚饭后，泽泽妈妈叮嘱泽泽："吃完饭不要磨蹭，快点儿写作业。今天一定要早点儿写完作业，早点儿上床睡觉。"

　　泽泽听话地去拿书包："好的，妈妈。我这就去写作业。"

　　泽泽妈妈十分欣慰，脚步轻快地去收拾厨房了。

　　但是，当她从厨房出来时，看到泽泽正在临摹课本上的图画，根本没有写作业。

　　泽泽妈妈气得不行，大声喊道："泽泽，你干吗呢？"

　　泽泽吓得一激灵，急忙拿出作业本说："妈妈别生气，我现在就写作业。"

　　泽泽妈妈压了压心头的怒火说："好孩子，先写完作业再玩。"

　　泽泽乖巧地点点头，开始写作业。

　　泽泽妈妈舒了一口气，转身去打扫卫生。

　　等她打扫完卫生，却看到泽泽在玩橡皮。

　　她怒气冲冲地走过去，一把夺过泽泽手里的橡皮，大声吼

道："泽泽，你到底想怎么样？我让你写作业，你干吗呢？作业写完了吗？"

泽泽吓得赶紧再次拿起笔写起作业来。

可是，泽泽妈妈太生气了，继续大吼道："一写作业就磨蹭，现在都几点了，还在磨蹭！你不睡觉我还睡觉呢！"

"哇！"妈妈太凶了，泽泽大哭起来。

⋯⋯⋯⋯⋯

直到泽泽爸爸下晚班回家后，这首不和谐的"家庭交响曲"才落下帷幕。

儿童的心智还未发育成熟，他们看待问题时，常常以自我为中心，看不到事件的真实状态。所以，父母在生活中，常常会发现孩子有时"一根筋""认死理"，有时候还"胡搅蛮缠"，不听话，还顶嘴。不管父母怎么苦口婆心地讲道理都不管用。

针对儿童的心智发展特点，父母应当采取相应的措施，而不是放任不管，事后又大吼大叫。

以上述小剧场为例。儿童自控力不足，注意力容易分散。尤其是年龄较小的儿童，常常被周围的事物所吸引。一张彩纸、一块橡皮、一个插图，都会转移儿童的注意力。泽泽已经形成了写作业拖拉、磨蹭的坏习惯，时间观念不强。针对泽泽的缺点，泽泽妈妈应当协助孩子增强时间观念，循序渐进地改正坏习惯。然而，泽泽妈妈只是口头叮嘱孩子后，就放任不管，又去忙家务了，导致泽泽重新陷入没有约束的状态。泽泽妈妈没有认识到自己使用的教育方法错误，反而朝泽泽大吼大叫，导致母子二人的情绪全面崩溃。

父母都喜欢在遇到事情的时候讲道理，却忽略了孩子内心的真实想法和真实情绪。他们之所以不听父母讲道理，是因为产生对立情绪。父母只有充分认识到这一点，才能说服孩子。

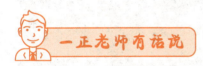

一正老师有话说

与其"讲"道理，不如"试"道理

心理学研究表明，吼孩子虽然能够发泄父母的坏情绪，但是会给孩子带来巨大伤害，包括影响孩子的心情；让孩子变得越来越脆弱，甚至自暴自弃。

有时，父母也知道大吼大叫不对，却找不到其他办法。其实，只要掌握下面三个方法，就能轻松说服孩子。

一、先尊重孩子，再讲道理

尊重是沟通的基础，亲子沟通也是如此。父母想让孩子听自己的，就不能老是高高在上，对孩子颐指气使，而是要从心理上尊重孩子，和孩子进行平等交流，这样才能消除孩子的对抗情绪，孩子才会把道理听进去，记在脑子里。

二、分清年龄，用对方法

不同年龄段的孩子，心智发育程度不同，讲道理的方法应当有所区别。例如，学龄前的孩子很难听懂大道理，这时候直接"立规矩"就行。上小学以后，孩子的认知能力有了突飞猛进的发展，这时候可以讲故事，孩子可以从故事里悟出道理。

三、用"试错"代替讲道理

所有的方法都试过了，孩子就是不听父母讲的"大道理"怎么办？那就让孩子亲自体会道理，通过"试错"来明白道理。有时候，父母说 100 遍，不如让孩子亲自试一遍。错误本来就是生活的一部分，而通过"试错"得来的经验往往是刻骨铭心的。这时候，父母再讲道理，就会引发孩子的共鸣，自然而然就把道理听进去了。

13. 三天不打，
上房揭瓦，
打骂有用吗？

　　轩轩是一位四年级的小朋友，最近他迷上了游戏。每天只顾着打游戏，都没有心思学习了。爸爸妈妈打也打过，骂也骂过，可是一点儿用也没有。

　　一天晚上，轩轩爸爸半夜醒来，看到轩轩的卧室亮着灯。走到门口一看，轩轩竟然不睡觉，偷偷爬起来玩起了游戏。

　　轩轩爸爸立刻火冒三丈大喊道："轩轩，你找打呢！"说着转身拿起鸡毛掸子就冲进了轩轩的卧室。

　　轩轩急忙跳下床，一边躲避一边哭喊道："爸爸，我不玩了，不玩了，别打我。"

　　轩轩爸爸就像压根没听到一样，举起鸡毛掸子就是一顿打，一边打还一边骂："臭小子，叫你玩游戏，叫你不睡觉，我今天非得狠狠地教训你不可……"

　　打骂声和求饶声很快吵醒了轩轩妈妈。得知轩轩半夜不睡觉，偷偷打游戏后，轩轩妈妈又急又气，一边阻拦轩轩爸爸，一边骂轩轩："你真是不知好歹。爸爸妈妈花那么多心思培养你，你却不学好，真是无可救药。"

　　轩轩爸爸也气愤地应和道："已经无可救药了。不打不成才，不打不成器，就得狠狠地打他，他才能改过来。"说着就又要冲过去打轩轩。

轩轩妈妈费了九牛二虎之力才把轩轩爸爸拉走。本以为这次的打骂能让轩轩长点儿教训，可是没想到，几天后，轩轩反而变本加厉，偷跑到网吧通宵玩起游戏来。

一分钟解析

中国有句老话："不打不成才，不打不成器。"在现实生活中，许多父母信奉"棍棒底下出孝子"的错误观念，在孩子做错事的时候，非打即骂，就像上述小剧场里轩轩的爸爸妈妈一样。他们天真地以为孩子犯了错，只要打一顿、骂一顿，孩子口头承诺了改正，以后就不会再犯了。

的确，用打骂的方式管教孩子，有时会起到立竿见影的效果，皮肉之苦和心灵创伤会让孩子暂时屈服，却"治标不治本"。时间一长，孩子就原形毕露了。

打骂会让孩子和父母渐行渐远。父母打骂孩子时，会损害其在孩子心里的形象，让原本融洽的亲子关系出现裂痕。如果父母不去想办法修补这道裂痕，而是继续打骂孩子，就会在孩子的心底埋下一颗"叛逆"的种子。时间一长，这颗种子就会生根发芽，导致亲子关系日益淡漠，孩子与父母之间的隔阂越来越深，

甚至个别孩子还会对父母产生仇视心理。

打骂还会让孩子失去自信、失去诚信。孩子的认知能力有限，常常借助父母和老师的评价来给自己定位。如果父母经常打骂孩子，孩子就会错误地以为自己一无是处，产生自卑心理，最后丧失自信，甚至自暴自弃。

此外，孩子为了逃避父母的打骂，可能会养成爱撒谎的坏习惯，成为"满嘴跑火车"的"坏孩子"。

一正老师有话说

打骂，是亲子关系的"一级杀手"

近年来网络上流传着一句话："不写作业母慈子孝，一写作业鸡飞狗跳。"其实，不写作业的时候，也会出现"鸡飞狗跳"的现象。有的父母一生气就打孩子，打完就后悔。

其实，要摆脱"打完就后悔"的怪圈很简单，只要做到以下三点就可以。

一、不要用"放大镜"观察孩子

许多父母习惯用"放大镜"观察孩子，把孩子的一丁点儿小错误视为"洪水猛兽"，如临大敌。这其实大可不必。任何人都经不起"放大镜"的观察，孩子的许多错误都是无心之举，只要父母给予正确的引导，不需要打骂就能改正。

二、不要把坏情绪发泄到孩子身上

父母打骂孩子是因为着急、焦虑、失望等消极情绪堆积，最终导致了愤怒情绪的爆发。当出现愤怒情绪时，父母可以向孩子表达不满和失望，但一定不能打骂孩子，也不能贬低和侮辱孩子。最好暂时和孩子分离，转移自己的注意力，等理智回笼后，再处理孩子的问题，不要把坏情绪发泄到孩子身上。

三、多陪伴孩子

熊孩子不是天然长成的，而是父母"惯"出来的。很多父母下班后经常当着孩子的面玩手机、看电视，对孩子的学习和成长不管不顾。一旦出现问题就唠叨个没完，完全不顾及孩子的感受。孩子和父母相处的时间少，亲子关系淡漠，只好从其他地方寻找慰藉。久而久之，就会养成各种坏习惯，形成叛逆心理。所以解决问题的源头，还是父母的陪伴。放下手机，陪伴孩子，才能心平气和地接纳孩子和自己。

14. 一训就甩脸走人，
还不能批评了？

亲子小剧场

诺诺妈妈刚出差回来，就被老师约谈了。原来，诺诺已经读小学六年级了，明年就要升初中，但是她最近学习都不在状态，数学成绩更是一落千丈。诺诺妈妈了解情况后，匆匆返回家，逮住诺诺就是一顿批评。

诺诺妈妈说："你最近怎么搞的，自己的学习这么不上心？难道还要爸爸妈妈在背后拿着鞭子督促你吗？"

诺诺说："我这次是没考好，但是你也不用发这么大的脾气吧。"

诺诺妈妈说："我能不发脾气吗？你的成绩都快成全班垫底了，老师都找我谈话了，我还不能批评你了吗？"

诺诺说："就算我的成绩倒退了，也没你说的那么夸张吧。"

诺诺妈妈说："这还不夸张？你有没有羞耻心？有没有上进心？"

诺诺说："不就是因为失误错了几道题吗？有那么严重吗？懒得理你。"

诺诺妈妈说："考成这样，你还有理了？既然你对自己的未来不负责，那我们也不管了。以后我们只管好弟弟就行了。你自己的事情自己负责吧。"

诺诺说："哼，终于说实话了吧。我就知道有了弟弟你们就对我不上心了。"诺诺说着气呼呼地回房间了，晚饭都没吃，接连几天都不跟妈妈说话。

这次批评以彻底失败而告终。更糟糕的是，这次批评之后，诺诺对学习更不上心了。除了数学，其他各科成绩也出现了下降的趋势。

一分钟解析

在亲子沟通中，批评是一种十分常见的沟通方式。几乎每位父母都批评过孩子，但是大部分父母并不知道怎么正确地批评孩子。在上面的小剧场里，诺诺妈妈犯了两个错误。

第一个错误，把批评等同于指责。

批评是一种教育方法，是为了引导孩子改正错误，而不是单纯地指责孩子。诺诺妈妈却忽略了批评的目的，把批评和指责等同起来，直接给诺诺扣上了"没有羞耻心""没有上进心"的"大帽子"，把一个普通的批评，上升到了"人身攻击"。

第二个错误，在批评孩子时，发泄自己的情绪。

诺诺妈妈刚刚出差回来，还没来得及好好休息，就被老师叫到学校，听到了诺诺数学成绩一落千丈的坏消息。身体和精神的双重疲惫，让诺诺妈妈憋了一肚子火。到家后，她把诺诺当成了"出气筒"，把坏情绪一股脑倒到了诺诺身上，甚至在伤心、失望之下，还威胁诺诺，说"以后只管弟弟"的赌气话。这句话彻底激化了亲子矛盾，让本就因二胎弟弟到来而"失宠"的诺诺破罐子破摔，用"摆烂"来对抗父母。

批评不是目的，而是一种沟通方法，只有用好这种方法，才不会招来孩子的愤恨和反抗，才能获得正面反馈。对孩子来说，可以接受就事论事的批评，但通常不会接受"人身攻击"。父母一旦在批评中进行"人身攻击"，容易被孩子视为故意找碴，从而引发孩子的抵触和反抗。

此外，坏情绪是批评的大忌。父母在批评孩子时，往往会越说越生气，甚至会歇斯底里地吼叫起来。这样不仅不会解决问题，反而会引发孩子的对抗情绪，彻底激化亲子矛盾，让简单的批评变得更加复杂。

一正老师有话说

好批评，让孩子如沐春风

俗话说："金无足赤，人无完人。"成人尚且如此，何况心智

还没成熟的孩子。每个孩子都会犯错，就像成长中的小树，总会长出旁逸斜出、需要修理的枝枝权权。犯了错的孩子，也需要父母进行批评教育，才能重回正轨。那么，怎么批评犯错的孩子，才是科学的、有效的，也是他能接受的呢？

记住下面这几条原则，让你轻松掌握这门"批评语言"。

一、维护孩子的"面子"

别以为孩子小，就可以随便训，孩子可是和大人一样"好面子"，甚至比大人的自尊心还要强。如果父母不注意场合，在大庭广众之下批评孩子，会给孩子留下极强的心理阴影。孩子还会产生自卑心理以及怨恨父母等不良情绪。就算不当着别人面批评，也要注意维护孩子的"面子"。

怎么维护呢？就事论事，只评价事实，不进行"人身攻击"。只有这样，孩子才愿意接纳父母的批评。

二、不要"翻旧账"，尽量别吼叫

孩子有一种"特异功能"，要么同样的错误反复犯，要么关键时刻"掉链子"，总能激起父母的怒火。但是，父母在批评孩子时，一定要注意：不要大吼大叫，也不要翻旧账。大吼大叫会让孩子的大脑反应迟钝，得不偿失；而"翻旧账"往往会让批评的方向跑偏，达不到批评和震慑的目的。

三、给孩子解决问题的方法

批评的目的在于改正。好的批评在指出孩子的错误后，也要肯定孩子直面错误和批评的勇气，让孩子感受到父母的爱与信任。此外，在批评孩子时，还要指出改正的方法，这样才能真正达到批评的目的，帮助孩子进步和提高。

15. 不顺着他就哭闹，太难搞

亲子小剧场

周末，涵涵妈妈带涵涵去超市。购物清单上的物品买完后，涵涵突然提出想买一盒巧克力。

涵涵说："妈妈，我已经很久没吃巧克力了，买盒巧克力吧。"

涵涵妈妈说："你忘记你正在换牙了吗？换牙期吃巧克力不好，改选其他物品好不好？"

涵涵说："那好吧，那经过蛋糕店的时候，给我买个蛋糕吧。"

涵涵妈妈说："蛋糕和巧克力一样，都是甜食，也不能吃哦。要不买盒酸奶解解馋？"

涵涵说："我不想喝酸奶！能换成冰激凌吗？"

涵涵妈妈说："冰激凌更不行，过冷和过热的食物都不行。"

涵涵说："这也不行，那也不行，买瓶可乐总行了吧？"

涵涵妈妈说："可乐属于碳酸饮料，更不能喝。"

涵涵说："什么？连一小瓶可乐都不能喝吗？"涵涵说着眼泪都流下来了。

涵涵妈妈说："这有什么好哭的？男子汉大丈夫，要能屈能伸。等过了这段时间给你买一大瓶行不行？"

涵涵说："我不要过段时间，就要今天，我就要买可乐。"涵涵说着就跑到货架前拿了一瓶可乐，站到妈妈面前，一边哭，一边不停地说："今天必须给我买可乐，不买我就哭！"

涵涵妈妈的怒火一下子就被点燃了："这孩子怎么回事啊？道理都给你讲清楚了。就算买了你现在能喝吗？不买就是不买。"

涵涵说："我就是要喝，就是要买！"

涵涵妈妈和涵涵的吵闹，立刻引起了周围人的注意。看着别人投来的异样眼光，涵涵妈妈又气又恼，连账都没结，直接拽着哭闹的涵涵离开了超市。

在生活中，孩子经常会向父母提出不合理的要求。当父母拒绝时，很多孩子就会使用"哭闹大法"，软磨硬泡，企图逼迫父母就范。面对这样的情景，很多父母都不知道该怎么办。如果坚持原则，拒绝到底，可能会伤害孩子。相反，如果一味妥协，又会纵容孩子。

其实，拒绝孩子是需要技巧的。上述小剧场里的涵涵妈妈，就做了一个错误的示范。

涵涵妈妈出于保护涵涵牙齿的需要，连续四次拒绝了涵涵，点燃了涵涵的反抗情绪。在妈妈第四次拒绝涵涵后，涵涵一下子从懂事的孩子，变成了让人厌恶的"磨人精"和"捣蛋鬼"，哭闹着非要让妈妈买一小瓶可乐。而涵涵妈妈在众目睽睽之下，只能带着孩子狼狈"逃跑"。

任何人，不管是孩子还是成年人，在被别人一再否定和拒绝时，都不可避免地陷入崩溃和自我怀疑。当父母为了孩子的健康，拒绝孩子的无理要求时，不能单纯拒绝，而应该向孩子讲明哪一类食品不能吃，或哪一些事情不能做，而不是孩子提出一件，父母拒绝一件。

在亲子沟通中，拒绝并不是简单的否定。父母有技巧的拒绝，不仅不会引发孩子的哭闹行为，还会帮助孩子认识和树立行为边界，养成自觉遵从行为规范的好习惯。

把"不"说成"是"，否定的话肯定着说

拒绝，是亲子沟通中一个十分特殊的"武器"。这个"武器"是一把双刃剑，运用得好，能够促进亲子关系更加和谐；运用得不好，就会成为伤害亲子关系的"杀手"。

那么，怎么拒绝，孩子才不会哭闹呢？很简单，只要掌握下面这几个技巧就可以。

一、态度要温柔而坚定

孩子虽然年龄小，却是察言观色的高手，个个都会"读心术"。父母任何微小的情绪变化，都逃不过他们的眼睛。所以，父母拒绝孩子时，态度一定要坚定，这样才能让孩子意识到你的坚持。同时，语气要温柔，不要大吼大叫，更不能歇斯底里。否则，父母的情绪很快就会感染孩子的情绪，让孩子在失望和恐惧的双重打击下大哭大闹。

二、理由要充足、有说服力

当孩子提出要求，父母拒绝孩子时，不能简单地说"不""不行"，而是要向孩子做出合理的、有说服力的解释。这种解释不能仅仅局限在一个笼统的概念上，而是应该详细分析这样做的好处和坏处。这样既有利于孩子理解父母的苦心，也有利于培养和锻炼孩子的思辨能力和表达能力。

三、允许例外，但要有底线

拒绝不等于没有例外。当孩子有强烈的意愿想要做一件事，或想要某个物品时，可以有例外。但是例外要在一定的规则内才能允许，同时要有一定的附加条件。这样做能够让孩子清楚父母的底线，明确规则，更好地规范自己的行为。

16. 冤枉了孩子，
    该怎么道歉？

你把弟弟摔在地板上，想干什么？

我没有，弟弟摔倒了，我在扶他！

亲子小剧场

　　龙龙爸爸下班回家，刚走到门口就听到龙龙弟弟哇哇大哭的声音。他急忙打开门，一眼就看见龙龙弟弟躺在地上，龙龙却压在弟弟头上。

　　龙龙爸爸立刻火冒三丈："龙龙，你在干什么？谁让你欺负弟弟的？"

　　龙龙："我没有欺负弟弟！我是……"

　　龙龙爸爸不等龙龙说完，就气愤地打断他的话："还狡辩！我都看见了。你把弟弟摔在地板上，想干什么？你太让我失望了。"

　　龙龙急忙解释："爸爸，你误会了，弟弟刚才不小心摔倒了，头卡在沙发缝里了，我是在救弟弟，不是欺负弟弟。"

　　龙龙爸爸正在气头上，根本不听龙龙解释："你以为我会相信你吗？要是弟弟有事，我绝不饶你。"

　　龙龙听到爸爸的责骂，急得眼泪都流下来了，嘴里不停地说着："爸爸，我是冤枉的，我真的没有欺负弟弟！"

　　可是，无论龙龙怎么解释，龙龙爸爸就是不听，抱起弟弟回卧室检查伤口。龙龙刚想跟过去，爸爸"砰"的一声关上了卧室门。

龙龙委屈地站在客厅里，伤心地哭了。

龙龙弟弟这时却不哭了，他告诉爸爸："爸爸，是我自己摔倒的，哥哥是在救我呢。"龙龙爸爸阴沉着脸，哼了一声说："就算是你自己摔倒的，也是他没看好弟弟。"

龙龙弟弟："可是你错怪了哥哥，应该给哥哥道歉。"

龙龙爸爸："道什么歉？他没看好弟弟还要我道歉？再说了，我是大人，怎么能给小孩子道歉？"

龙龙爸爸拒绝向龙龙道歉，而龙龙受了委屈，越想越生气，于是开始和爸爸冷战，无论爸爸说什么，他都不听也不回答。原本和谐的家庭氛围，变得十分别扭。

父母和孩子一样，也会犯错。在生活中，经常出现父母误解孩子的现象，就像上述小剧场里的龙龙爸爸一样。许多父母明明知道错怪了孩子，却选择了错误的处理方式。

错误方式1："死鸭子嘴硬"，拒不道歉。

这些父母就像双面人，当孩子做了错事时，苦口婆心地教育孩子要勇于面对自己的不足，及时道歉，承认错误。可是，当自己做了错事后，却为了维护自己的权威，拒不承认错误，甚至

有时候明明是自己的错，还要利用亲情绑架孩子，或者转移责任，把所有的过错都推到孩子身上。

错误方式 2：含蓄道歉法。

一些父母做错事后，想向孩子道歉，却不知道怎么开口。于是，主动向孩子示好，给孩子各种物质补偿，把物质补偿等同于道歉。孩子是不是认同、能不能接受这种道歉方式，一概不管。

父母是孩子的第一任老师，是孩子的榜样。父母犯错后的表现，孩子都看在眼里，记在心里。如果父母说一套做一套，那孩子也会有样学样。此外，父母犯错后的错误道歉法，不仅给孩子的心理留下难以磨灭的伤痕，还会让孩子心怀抱怨，从而影响亲子关系。

真诚，是道歉的"杀手锏"

美国心理学家戴安娜·鲍姆林德把父母的教养方式划分成了四种类型：专断型、忽视型、放纵型和权威型。不管是哪一种类型的父母，在亲子关系中，都十分重视树立自己的权威。但是父母的权威不是天生的，而是通过一件件小事建立起来的。

父母犯错后，怎么道歉才能不动摇父母的权威呢？其实并不难，只要掌握一个"杀手锏"——真诚。那么，怎么道歉才显得真诚呢？要牢记两个原则。

一、及时

道歉一定要及时。父母误会了孩子，在澄清误会的第一时间向孩子道歉，可以把这件事对孩子的心理伤害降到最低。而拖的时间越长，对孩子的心理伤害越大，最终将会给孩子的心理留下难以愈合的伤口。

二、诚恳

父母的道歉态度一定要诚恳。对孩子来说，父母的误会和不信任就像一台巨大的"粉碎机"，轻轻松松就能碾碎孩子的自尊，在孩子的心灵上留下深深的伤痕。因此，父母在向孩子道歉时，不能只简单地说一句"对不起"，而要蹲下身来，直视孩子的眼睛，真诚地请求孩子的谅解。只有这样，才能真正获得孩子的谅解，才能帮助孩子重新建立自尊，增强自信。

17. 左耳进，右耳出，"皮孩子"怎么管？

亲子小剧场

　　辰辰上小学五年级了，爸爸妈妈让他自己安排周末的时间。辰辰非常开心，早早就计划了周末要做的几件"大事"：和小伙伴一起去踢球、看望爷爷奶奶、完成作业。到了周六，辰辰和小伙伴在外边玩了一整天。周日，辰辰又到爷爷奶奶家玩了一天。晚上又抱球去和小伙伴玩。辰辰爸爸看到后，不由得皱起眉头，严厉地问道："作业写完了吗？又去玩。"

　　辰辰小声地说："我忘记写作业了。"

　　辰辰爸爸不满地说："忘记了？写作业这么大的事儿都能忘记？你应该做好计划，学会管理时间。"

　　辰辰有点愧疚，点头说："我知道了。"

　　辰辰爸爸说："你是学生，做计划就应该把写作业排在第一位。你把写作业排到最后，肯定要留到晚上写了。"

　　辰辰一边埋头赶作业，一边说："知道了，爸爸。"

　　辰辰爸爸说："知道了？我看你不知道，必须得给你个教训。从下周开始，没收你的足球一个月。这一个月你每周都早早完成作业，再把足球还给你。"

　　辰辰一听就急了，把笔一摔，站起来就跟爸爸理论："我都说知道了，知道了，为什么还要没收我的足球？"

辰辰爸爸一听，也生气了："我是为了帮你管理时间！照这样下去，你将来能有什么出息？"

辰辰辩解道："我怎么就没出息了？我这不是在赶作业了吗？照你这么说，我将来没出息，还写什么作业啊。"说着，他把凳子踢到一边，冲进卧室，反锁上门，趴在床上哭起来。

辰辰爸爸气得心脏病差点儿犯了。

一分钟解析

孩子在成长过程中，难免遇到各种困难和迷茫。当他们向父母寻求帮助时，父母的态度决定了亲子关系的走向。

在上述小剧场中，辰辰爸爸原本是出于好意，给辰辰提建议的，但是在辰辰眼里，这并不是建议，而是故意"找碴儿"。为什么辰辰会产生认知错位呢？问题就出在辰辰爸爸采用的方法上。

在孩子心里，父母具有丰富的经验和阅历，当他们遭遇困难或迷茫时，会第一时间向父母求助。然而，孩子的困难或迷茫在父母眼里，也许根本不是什么大事。所以，有的父母张口闭口就是"你应该……"，甚至在给出建议后，还自以为是地提出实施建议的方法。然而这些建议或方法可能并不符合事实，也不能解决问题。

还有的父母在向孩子提建议时，使用命令性的口气和打击性的语言，强行向孩子灌输某种思想，不断否定和打压孩子。这样的建议，即使再正确，孩子也不会接受，还会引发孩子的对抗情绪。

同频才能共振，共情才能共鸣

俗话说："罗马不是一天建成的。"孩子也不是一瞬间长大的。父母作为成年人，当看到孩子遭遇困难和迷茫时，常常会产生一种"好为人师"的冲动，恨不得把自己半辈子的经验全都灌输给孩子。

然而，孩子不是父母手里的牵线木偶，他们有独立的思想和情感，能够自主判断是非对错。只有当孩子和父母处在同一个频道上，建立起共情时，孩子才会听从父母的建议。

那么，怎么才能和孩子建立共情呢？其实，只要掌握下面两个方法，孩子就能心服口服地接受父母的建议。

一、听懂孩子的"弦外之音"

孩子会用语言包装自己的情绪，当遇到困难或疑惑时，孩

子经常以询问、求助、抱怨等方式向父母倾诉。此时，父母应该听懂孩子的"弦外之音"，从孩子的语言中，判断孩子的真实目的：是在寻求帮助，还是在发泄情绪。如果是在寻求帮助，父母应当给出合理的建议。如果只是在发泄情绪，父母应当引导和鼓励孩子直面问题，尝试独自解决问题，培养孩子的责任感和探索精神。

二、说到孩子的心坎上

在生活中，经常有父母抱怨孩子"不听话"，父母让他往东，他偏往西。其实不仅是孩子，任何人都不喜欢被别人安排的命运。父母向孩子提出建议时，应当抛弃"一言堂"，给予孩子一定的选择权。比如，提供 A、B 两个选项，供孩子选择。此外，父母还应当注意，在提建议时，不唠叨，不啰唆，不翻旧账，不岔开话题，只有充分尊重孩子，才能说到孩子的心坎上。

第四章　激励孩子

什么样的激励更有性价比

18. 牵着不走，
打着倒退，
是不是欠"打击"？

　　三年级要举行演讲比赛，鹏鹏很感兴趣，想要参加这个比赛。放学回家后，他主动和妈妈商量起了这件事。

　　鹏鹏说："妈妈，我们年级要举行演讲比赛。"

　　鹏鹏妈妈说："那很好啊，可以锻炼你们的口才呢。"

　　鹏鹏说："我想要参加演讲比赛！"

　　鹏鹏妈妈说："啊？你要参加演讲比赛？你没上过口才课啊。"

　　鹏鹏说："不上口才课也能参加，小刚也没上过口才课，他说他也要报名呢。"

　　鹏鹏妈妈说："小刚很活泼，能说会道的。你平时笨嘴拙舌，说话声音那么小，站到台上能说得出话吗？"

　　鹏鹏说："怎么不能啊。再说了，还有一个月的时间练习呢。我就不信我不行。"鹏鹏说着不服气地握了握拳头。

　　鹏鹏妈妈说："好吧，反正我不看好你。"

　　鹏鹏说："哼，你就是门缝里看人——把人看扁了。老师都鼓励我报名呢。"

　　鹏鹏妈妈说："老师当然鼓励报名了。但是你站到台上讲不出来，那多丢人啊。"

鹏鹏生气了："我知道了，你就是对我没信心，觉得我什么事都做不好。从小到大你都说我不如别人！我到底是不是你的亲生儿子？"

这时，鹏鹏爸爸回来了，他一听鹏鹏想参加演讲比赛，表示大力支持，接着就找小学生演讲的视频给鹏鹏看。

鹏鹏得意地看了一眼妈妈，"哼"了一声，跟着爸爸走了。

鹏鹏妈妈无奈地说："我还不是为了保护你的自尊心，万一输了怎么办呢？"

一分钟解析

许多父母特别擅长打击式教育，企图通过否定孩子、责备孩子，激发孩子的逆反心理，从而达到教育孩子的目的。

上述小剧场中，鹏鹏想要报名参加演讲比赛，鹏鹏妈妈知道后的第一反应不是鼓励而是打击。她先后以鹏鹏没有上过口才课、性格不活泼、笨嘴拙舌、说话声音小等理由打击鹏鹏。幸好鹏鹏爸爸及时鼓励鹏鹏，才平息了一场险些爆发的争吵。

打击式教育弊大于利，其对孩子的积极影响，远远小于消极影响。当孩子主动和父母分享他的"小成果"时，是在向父母证明自己的能力。如果父母一味使用打击式教育，孩子的积极性会越来越弱，不愿意和父母分享和交流，影响亲子关系。

当父母长期用否定的语言贬低、质疑孩子，打击孩子时，孩子的自信心会受到严重影响。长此以往，孩子会觉得自己处处不如别人，变得自卑、怯懦、敏感，不爱、不会也不敢与人交流，形成讨好型人格，过于在意别人对自己的评价和看法。此外，一些孩子还会因为父母的打击式教育变得叛逆，处处和父母对抗。

自信的父母，是孩子成长的"垫脚石"

父母是孩子最亲近的人，是孩子的避风港。如果连父母都嫌弃孩子，孩子怎么可能有快乐的人生和光明的未来呢？

有的父母说，我知道打击式教育不可取，可是有时候控制不住自己怎么办？其实避免打击式教育很简单，只要坚持以下三个原则就可以。

一、丢掉面子

擅长打击式教育的父母通常爱面子，当孩子的表现不如其他孩子时，会觉得"丢人"，对孩子进行打击。如果父母丢掉所

谓的"面子",从孩子的成长角度评判孩子的行为,可能会得出不一样的结论。

例如,孩子考试考了 98 分,如果父母过于好面子,可能会觉得孩子没拿满分,不如别人,忍不住打击孩子。相反,如果从孩子成长角度看待这件事,则可以看到孩子还有进步空间,可以激励孩子更加努力。

二、反省自己

任何父母都必须意识到,父母是孩子的第一任老师,是孩子行为的模板。孩子的某些不良行为就是父母行为的再现,所以当父母看孩子"不顺眼"时,首先要反思自己的行为是否出现了差错,然后再对孩子进行正确的引导,而不是上来就对孩子进行指责和批评。

三、放下架子

父母站在长辈的角度和孩子交流时,难免会端着长辈的架子,用"过来人"的语气对孩子的行为进行批判。而当父母放下架子,跟孩子处于平等地位时,更能发现孩子的优点,尊重孩子的意愿,和孩子进行平等交流。

19. 孩子犯错，
我惩罚自己，
她会不会内疚？

桃子是很多父母嘴里"别人家的孩子"，但是她的记性有点儿差，背诵时经常背不过。有一天晚上，桃子背诵了几遍都记不住，已经快 10 点了，背诵得还是磕磕巴巴的。

桃子妈妈又急又气地说："怎么背了那么多遍还背不下来？"

桃子说："妈妈，我困得不行了，脑子都糊涂了，明天再背行不行？"

桃子妈妈一听，差点儿心脏病都犯了："明天？明天还要背另一篇呢，你哪有时间背这篇？再背一遍。"

桃子委屈地都快哭出来了，又不敢反驳妈妈，只好又磕磕巴巴地背起来。虽然勉强背下来了，但是效果并不好。

桃子妈妈生气地抬起手，桃子害怕地看着妈妈，一动也不敢动。

下一秒，桃子妈妈左右开弓，"啪啪"猛抽自己耳光，一边打一边说："都怪我，都怪我教不了你，也管不了你！"

桃子一下子瞪大了眼睛，变得特别惊恐。她愣了一下，哭着抱住妈妈的胳膊："妈妈，别打了，别打了，我好好背，我肯定好好背。"

桃子妈妈这才停下来，脸都被打红了。桃子不敢看妈妈的脸，眼睛看着别处，飞快地又背诵了一遍课文。这次一下也没有停顿。

桃子妈妈自豪地摸着桃子的脸说："宝贝，你真棒，你比妈妈想象的还要优秀。"

可是桃子还是不敢看妈妈，别过脸低声说："妈妈，我可以去睡觉了吗？"

"去吧。"桃子妈妈说完咧开嘴笑了。

桃子却很难过，她走向自己的房间，刚转过身眼泪就掉下来了。

一分钟解析

上述小剧场中，桃子妈妈的教育方式是典型的内疚式教育。内疚式教育又叫"道德绑架"，通过诉苦、示弱，甚至打骂自己激发孩子的内疚心理来达到教育目的。

擅长内疚式教育的父母有一种独特的思维，觉得自己所做的一切都是为了孩子。

例如，"要不是为了你，我的日子才不至于过成这样呢。""这里吃饭很贵，要不是为了让你尝尝鲜，我才舍不得来这里呢。""只要你有出息，我再苦再累也心甘情愿。""你知道为了让你上

个好学校, 我求了多少人, 花了多少心思吗? 你不好好学习对得起我吗? "

甚至有的父母还通过自虐、自残的方式来让孩子认识到错误, 从而发奋学习, 杜绝坏习惯。

然而, 从长远来看, 内疚式教育的效果并不理想。就算短期内有效, 也会让孩子陷入深深的自责中。

当父母用内疚式语言跟孩子说话时, 孩子会有一种负罪感, 觉得自己的存在对于父母是负累, 不是骄傲。尤其是当父母自虐、自残时, 这些虐待行为虽然没有施加在孩子身上, 但孩子会如坐针毡, 感同身受, 惊恐万分。

长此以往, 不仅会削弱孩子的自尊心, 还会误导孩子, 让孩子认为自己是个失败者, 从而变得自卑、胆小, 陷入无休止的精神内耗, 甚至有的孩子还会出现极端心理。

内疚式教育有技巧

内疚式教育是一种特殊的教育方式, "孟母断织"就是一种内疚式教育。孟子小时候喜欢玩耍, 荒废了学业, 孟母为了让孟子认识到错误，不惜把织到一半的布全部剪断，告诉孟子半途而废的道理，从此孟子发奋学习，最终成为中国历史上大名鼎鼎的"亚圣"。

但是内疚式教育并不适合每一个孩子。如果用不好，不仅不会帮助孩子成长，还会给孩子造成极大的心理负担。此外，父母在使用内疚式教育时还要掌握以下两个技巧。

一、摆正心态，少焦虑

俗话说："人生不如意事十之八九。"每个人的人生都是自己一步步"走"出来的。既然选择某种人生，就要负责到底，而不能在生活不如意时，把责任全部归咎到孩子头上。只要摆正心态，学会为自己的人生负责，就能更加客观和理性地看待事物。此外，还要减少焦虑。

二、言传身教，树榜样

对孩子来说，父母的言传身教具有极其震撼的力量。"孟母断织"就是一种特殊的言传身教方法。在现实生活中，父母也可以使用这种方法来让孩子认识到错误。

例如，孩子爱剩饭，父母可以在家里发起"光盘行动"，当着孩子的面把孩子的剩饭剩菜吃干净。用言传身教的方式，让孩子认识到浪费可耻的道理。

值得注意的是，言传身教不等同于自虐、自残，也不等同于"指桑骂槐"，也不是通过自责的方式来责骂孩子，而是通过

积极、正确的言行，为孩子树立榜样。

三、抛弃抱怨，不"绑架"

在现实生活中，父母在和孩子进行沟通时，切忌抱怨、唠叨，使用示弱的语言来"绑架"孩子，表现自己的付出，而要用积极的言论，只有这样，才能确保孩子轻松快乐地成长。

20. 特别"玻璃心"，
一点儿都输不起

比赛输了，我不适合踢足球，我要退出足球队，以后再也不踢了。

亲子小剧场

周六，学校组织了一场小学生足球比赛。比赛结束后，小华所在的足球队输了，队员们都很伤心。小华尤其难受，情绪十分低落。

小华爸爸安慰小华："别难过了，一次比赛说明不了什么。你们的表现还是很优秀的。"

小华眼里含着泪水："我是前锋却打输了比赛，我要退出足球队，以后再也不踢球了！"

小华爸爸拍了拍小华的肩膀："孩子，比赛输了，大家都不开心，但是不能把责任都归到一个人身上。要是一个人就可以决定整支球队的命运，那球队为什么还要有 11 个人？"

小华低着头，声音哽咽地说："我知道，但是我觉得自己不适合踢足球。"

小华爸爸听后顿了一下："我明白你的感受，你现在很自责。可是爸爸想说，这是一场比赛，是比赛就有输赢。但是，我们不能因为打输了一场比赛就放弃足球这项运动啊。"

小华沉默着摇摇头。

小华爸爸也沉默了：失败了一次就放弃，这孩子怎么输不起呢？这以后碰上挫折可怎么办……

老一辈人常说，现在的孩子是泡在蜜罐子里长大的。无论是父母还是爷爷奶奶，都把孩子当成小公主、小王子一般呵护，捧在手心怕摔了，含在嘴里怕化了。这样长大的孩子就像是温室里的花朵，经不起一点风雨。

于是，挫折教育应运而生。挫折教育是一种特殊的教育，也是一种备受争议的教育方式。有人说，挫折教育能锻炼孩子的抗挫能力，让孩子的内心更强大。也有人说挫折教育是一种打击式教育，有很多负面影响。

挫折教育之所以备受关注，是因为很多人分不清"真挫折"和"伪挫折"。"真挫折"是孩子成长过程中经历的真实的挫折。上述小剧场中，小华遭遇的足球比赛失败，就是孩子面临的"真挫折"。"伪挫折"是孩子没有做错，但是父母故意为难孩子，刻意制造的挫折。

人生道路并不是一帆风顺的，而是充满了各种困难和挑战。适当的挑战和困难有利于培养孩子直面逆境、解决问题的能力。但是，如果困难和挫折太多，就会打击孩子的积极性。因此，挫折教育可以有，但是要适度，不能过量。而且不同年龄段孩子的挫折教育应当有所区别，否则可能会引发孩子的负面情绪，甚至

各种极端行为。

值得注意的是，挫折教育的目的不是给孩子制造挫折，而是借助挫折教育孩子。挫折教育不是一种鼓励的教育方法，必须和其他教育方法相结合，唯有如此，才能帮助孩子从挫折中吸取教训，真正起到教育作用。

 一正老师有话说

挫折教育不是"自找苦吃"

每一位父母都希望自己的孩子能够成长为一个坚强、勇敢的人，逢山开道，遇水架桥，勇敢地面对各种困境和阻碍。那么，怎么正确开展挫折教育呢？其实只要掌握以下两种方法就行。

一、避免"伪挫折"、真打压

当孩子在生活中遭遇真实的挫折时，父母可以趁机对孩子进行引导和鼓励，帮助孩子战胜困难。需要注意的是，要避免"伪挫折"、真打压。父母不能故意为孩子制造挫折，削弱孩子积极向上的劲头。

二、孩子跌倒了，父母扶起来

孩子小时候跌倒了，父母会鼓励孩子自己爬起来。然而，挫折教育中的"挫折"不是目的，父母的引导才是重点。所以，挫折教育要和其他教育相结合。这里的"扶起来"，就是指父母要对孩子进行激励，引导孩子"化失败为力量"，总结经验，从头再来。

除此之外，挫折教育还要适度，不能过多。否则，孩子刚经历过失败，还没来得及重建信心就再次遭遇挫折，容易适得其反。

21. 犯了错还嘴硬，
真想狠狠惩罚他

> 偷钱买游戏卡，还嘴硬、撒谎！给我在这儿跪一天！

亲子小剧场

洛洛是个调皮的小男孩，有一天他看到同学们都在玩漫画游戏卡，自己却没有，就偷偷从妈妈的抽屉里拿了一百块钱，购买了漫画游戏卡。他自以为这一切"神不知鬼不觉"，没想到，当天晚上妈妈就发现钱少了，并把这件事告诉了爸爸。

爸爸问洛洛："你动抽屉里的钱了吗？"

洛洛怕爸爸生气，心虚地撒谎："没有啊，是不是妈妈自己花了却忘记了？"

妈妈说："那是给同事的礼金，我专门从银行取了钱放在抽屉里的，怎么会花呢？"

洛洛假装写作业，不敢抬头："是不是爸爸花了？"

爸爸皱着眉头说："我怎么会拿妈妈抽屉里的钱呢？洛洛，你抬起头，看着爸爸的眼睛，告诉我，是不是你拿了妈妈的钱？"

洛洛抬起头看着爸爸，眼神闪烁不定，继续撒谎道："不是我拿的。"

爸爸严肃地说："洛洛，如果是你拿的，就要勇敢承认。爸爸不会生气的。"

洛洛想了想，终于鼓起勇气说："爸爸，是我拿的。"

爸爸追问："钱在哪里？"

洛洛说:"我买漫画游戏卡了,同学们都有,只有我没有。"

爸爸一听,立刻火冒三丈:"什么?!偷钱买游戏卡,还撒谎!出去,到马路边跪着去!"说着,他不顾洛洛妈妈的阻拦,一把拽起洛洛的胳膊,把他拖到了人来人往的马路边。

邻居们看到后,急忙劝阻。但是,洛洛爸爸却说要给洛洛一个教训,坚持用这种方法惩罚洛洛。

一分钟解析

当孩子做错事后,父母为了让孩子牢记教训,可能会用各种方式惩罚孩子。这类教育方式被称为"惩罚式教育"。

惩罚式教育可取吗?大量心理学研究资料表明,惩罚式教育能够在一定程度上实现教育目的。但是需要注意的是,惩罚式教育的频率不能过高,惩罚力度要适当。

上述小剧场中,洛洛犯了极其严重的错误,不仅偷拿家里的钱,还撒谎,远远超出了父母的底线。所以,洛洛爸爸气愤之下,让洛洛跪在马路边"示众",想用这种"羞辱式"惩罚激发洛洛的羞耻心。但实际上,这种惩罚方式"用力过猛",不仅起不到教育作用,还会给洛洛的身心留下难以磨灭的伤痕。

惩罚式教育的目的不是伤害,不是歧视,更不是打击孩子的自信心，故意让孩子难堪，而是纠正孩子的不良行为，增强孩子的抗挫能力，培养孩子的"逆商"。因此，必须掌握好惩罚的力度。简单、粗暴、快捷的羞辱式惩罚，在短期内可能见效较快，但是从长远来看，这种惩罚会严重伤害孩子的自尊心，给孩子的社交、学习带来负面影响。

此外，错误的惩罚式教育还有可能引发孩子的逆反心理，影响亲子关系的和谐健康发展。

一正老师有话说

惩罚不是目的，教育才是

惩罚式教育是家庭教育的重要组成部分，也是一种备受争议的教育方式。其关键在于惩罚式教育的力度。那么，怎么衡量惩罚式教育的力度呢？很简单，只要掌握以下三种方法，就能用好惩罚式教育。

一、先警告，再开罚单

中国有句俗语是"丑话说在前头"，在亲子关系中，父母应当先给孩子立规矩。在立规矩时，说明如果犯错后可能会受到的惩罚。孩子犯错后，如果是初犯，父母可以先口头或书面警告，

给孩子改正的时间，同时让孩子明白再犯后应该承担的后果。如果同一种错误一而再，再而三地出现，父母再"开罚单"，惩罚孩子。

二、奖惩结合，赏罚分明

有罚就要有奖，只有赏罚分明，才能更好地规范孩子的行为。因此，在给孩子立规矩时，既要明确什么情况下会被"开罚单"，也要公布哪些时候会"开表彰会"。只有奖惩结合，赏罚分明，父母才能在亲子关系中树立起权威、公正的正面形象。孩子犯错时，才会心甘情愿地接受惩罚。

三、张弛有度，静待花开

在实行惩罚式教育时，还要谨记张弛有度。这个"度"，有两层含义，既指惩罚密度，也指惩罚力度。惩罚不能过密，如果一周七天，惩罚孩子七次，再坚强的孩子也会被打击得抬不起头。与此同时，要把握好惩罚力度，在惩罚时不能进行人身攻击，也不能伤害孩子的自尊，否则就会得不偿失。

22. 遇到挑战就想放弃，怎么这么没韧性？

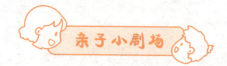

悠悠正在准备即将到来的学校演讲比赛。可是，最近的练习效果不太理想。悠悠十分灰心，甚至怀疑自己不适合演讲。一天晚上，她鼓起勇气，告诉妈妈自己想要放弃演讲比赛。

悠悠妈妈听后问道："你准备了这么久，就这样放弃不觉得可惜吗？"

悠悠低着头喃喃地说："是很可惜，但是我真的不想参加了……"

悠悠妈妈回忆道："好啊，如果你真的不愿意参加比赛，妈妈也不勉强你。你是两个月前开始准备这个比赛的吧。当时，为了写好演讲稿，你还专门去图书馆查资料了呢。"

悠悠想起当初的激情，十分感慨："是啊，去了图书馆好几次呢。"

悠悠妈妈说："刚开始练习的时候，你一上台就紧张，练了很长时间才好些。"

悠悠说："是啊，一上台大脑就'断片'了，练了两个星期才好点。"

悠悠妈妈点点头："没错，后来总算是不紧张了，但是讲得干巴巴的，一点儿也不生动。"

悠悠说："是妈妈帮我把演讲录下来，一遍遍纠正才有了很大进步的。"

悠悠妈妈趁机说："是啊，你付出了那么多，才有了今天的成果。如果放弃，以前的努力不就白白浪费了吗？再说了，就算遇到新困难，我们也能想办法跨过去啊。"

悠悠听了妈妈的话，有些振奋，想了想说："能，肯定能跨过去！"

悠悠妈妈说："这就对了，你可不是会被困难轻易打倒的人啊。已经走了 99 步了，把最后一步跨过去吧！"

悠悠使劲地点点头："妈妈，我去练习了！给我加油吧！"说着，悠悠满怀信心地开始练习演讲。

一分钟解析

激励式教育，是一种通过赞赏和信任等心理暗示，帮助孩子树立自信心、增强进取心的教育方法。它是一种学校经常使用的教育方法，同样适用于亲子教育。

上述小剧场中，悠悠想要放弃演讲比赛，妈妈用追忆的方法，帮她回忆了一路以来跨越一个个难关的经历，并表达了赞赏、期待以及信任的情感，激起其参加演讲比赛的信心。

在现实生活中，许多父母对激励式教育并不陌生，并且十分擅长使用激励式教育。例如，孩子小时候跌倒了，父母会激励孩子自己爬起来。当孩子爬起来后，父母还会用"你真棒""太棒了"等类似的语言夸奖孩子。类似表扬、激励式的语言，不仅能激发孩子的积极性，还能增进亲子关系，可谓一举两得。

值得注意的是，激励式教育不能等同于夸奖。激励式教育虽然能通过他人的赞赏，激发孩子的内在动机，让孩子发自内心地想要克服困难，努力变得越来越好。但是，激励式教育并不是一味地鼓励和夸奖，否则就容易"变味"，成为"捧杀式教育"。此外，激励式教育不能滥用，一旦滥用，可能适得其反，消磨孩子的主动意愿。

鼓励使人进步，打击使人落后

人人都喜欢听赞美之词，孩子也不例外。鼓励式教育能够帮助孩子建立自信，让孩子更加积极和阳光。那么，怎么正确地开展鼓励式教育呢？可以试试下面三种方法。

一、小积分，大奖励

父母采用激励式教育时，可以借助小积分的形式。每当孩子完成一件对他来说较为困难的挑战后，父母就发给孩子一张积分卡。当孩子积攒够 10 张积分卡后可以换一份礼物，或者许一个心愿。通过这样"小积分，大奖励"的方法，激励孩子越来越优秀。

二、学典型，树榜样

榜样的力量是无穷的。如果你想让孩子成为世界冠军，就要先给孩子树立一个世界冠军的榜样。父母可以结合孩子的短期目标和长远理想，为孩子树立一个积极的榜样。当孩子认同这个榜样时，就会激发孩子的主观能动性，让其努力实现既定目标。

三、快表扬，慢批评

在生活中，当孩子取得进步时，父母应当及时给予表扬和肯定。这种表扬不是简单的口头表扬，而是为孩子营造一定的氛围，让孩子沉浸其中，切实感受到成功的喜悦。

例如，孩子参加演讲比赛取得了好成绩，父母可以给孩子开一个小小的"庆功宴"，做几道孩子喜欢的菜，在吃饭时，对孩子表示祝贺，并和孩子讨论比赛经历。在给予孩子物质奖励的同时，对其进行精神奖励。

慢批评则是指当孩子犯错时，不要急于批评，而是在弄清楚原因后，再加以引导。即使批评孩子，也应当注意方式方法。

23. 拍马屁拍到马蹄儿上，夸孩子还夸错了吗？

亲子小剧场

　　亦博妈妈小时候经常挨训，长大后，花了很长时间才建立起自信。结婚生子后，她暗自下决心，要多夸奖孩子。不论孩子做什么，她都微笑着大声表扬孩子。期中考试，亦博的成绩下滑明显。老师专门把亦博妈妈请到了学校，提醒她关注孩子的学习。亦博妈妈虽然很郁闷，但是一进家门，立刻换上一副笑脸和亦博打招呼。

　　亦博妈妈说："亦博，妈妈今天下午去学校了。老师都夸你了，说你上课可认真了。真棒！"

　　亦博说："什么？我真棒？"

　　亦博妈妈说："对啊，你这一阵都努力学习了，好棒啊。"

　　亦博说："你撒谎！老师今天还说我成绩下滑了，怎么会夸我呢？"

　　亦博妈妈说："妈妈怎么会撒谎呢？"

　　亦博说："你就是在撒谎！你为什么突然去学校了？老师把你叫去的？"

　　亦博妈妈说："是老师要跟妈妈反映情况……"

　　亦博说："老师肯定是跟你告状了，才不是夸我呢！别以为我不知道，你总是夸我很棒，很厉害，但其实我一点儿也不棒，

不厉害。"亦博一边说，一边哭起来。

亦博妈妈说："我儿子就是很棒啊……"

亦博眼睛都红了，冲妈妈喊道："撒谎！为什么你说的和老师说的不一样？老师刚批评过我，怎么可能夸我？上次你就夸我跳绳厉害，可是同学们都比我厉害。你就是撒谎，一直撒谎！"

亦博妈妈说："我没骗你啊……"

亦博却不听妈妈解释，一边捂住耳朵，一边跺着脚大叫："不听，不听，你一直撒谎，一直骗我，以后我再也不听你的话了！"说完，亦博就跑回卧室，重重地关上了门。

一分钟解析

近年来，社会上流行赞美孩子，许多父母化身"夸夸团"，对孩子猛吹"彩虹屁"。但是，赞美孩子并不是越多越好，否则还不如不夸。

上述小剧场中，亦博妈妈由于自己小时候的不愉快经历，坚持夸奖孩子，不管孩子做什么都夸。但是，这样不分黑白、毫无原则的夸奖，就是在给孩子灌"迷魂汤"。它不是赞美，而是"捧杀"。

捧杀式教育，是对孩子进行无原则的夸赞。捧杀式教育培养出来的孩子，会过分自大，高估自己的能力，以为自己无所不能，总是制定超出自己实际水平的预期目标。但是一旦遭遇挫折，孩子就可能丧失斗志，从此一蹶不振。

孩子每做一件事，父母都在背后追着表扬，长此以往，会让孩子对别人的表扬产生依赖心理，无论做什么事都要听别人的反馈，丧失独立思考和自主行动的能力。

除此之外，捧杀式教育还会使孩子变得骄傲自满，觉得自己是世界的中心，谁也比不上他（她）。在和其他孩子交往时，会流露出高高在上的优越感，不善于与人合作和沟通，社交能力不佳。

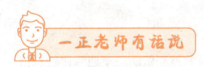

一正老师有话说

夸奖的力道是门大学问

夸奖孩子是一门大学问，其中的力道尤其要掌握好。那么，在夸奖孩子时，怎么才能避免滑进"捧杀"的深坑里呢？只要坚持以下三个原则就可以。

一、不包庇

《左传》里有一句名言："人谁无过，过而能改，善莫大焉。"

大人尚且会犯错，何况孩子呢？孩子的成长过程，本身就是一个不断犯错和纠错的过程。

夸奖孩子和批评孩子并不冲突。当孩子犯错后，父母不应该包庇孩子，仍然硬着头皮乱夸一通。相反，应当对孩子进行批评。该夸时夸，该批评时批评，才能帮助孩子树立正确的是非观。

二、不拔高

人外有人，天外有天。如果父母长期用夸张的语气表扬孩子，容易让孩子产生骄傲自满的心理。因此，孩子取得成绩后，父母在夸奖孩子时，要注意把握好尺度，即不夸张，不拔高。在夸奖孩子时，结合实际，才能帮助孩子树立自信，同时不至于不知天高地厚，过于自大。

三、不频繁

好孩子是"夸"出来的，经常被夸赞的孩子通常比较自信。但是要注意，"夸"孩子也是有方法的，尤其要注意"夸"的频率。长期过度的夸奖，会让孩子产生赞美依赖，如果哪一天父母忘记赞美孩子，孩子就可能产生失落、无所适从的心理。而且过于频繁的夸赞，还会让孩子紧张，或产生夸奖免疫，不把表扬当回事儿，甚至产生故意搞破坏逃避表扬的行为。

第五章　管理情绪

怎么培养情绪稳定的孩子

24. 动不动就发火，
怎么这么大脾气？

亲子小剧场

冬冬最近的脾气特别大，好几次冲妈妈大吼大叫。周六中午，马上就要吃饭了，冬冬却非嚷着吃饼干。

冬冬说："妈妈，我要吃饼干，就是那个黑色的巧克力饼干。"

妈妈说："现在先不吃，马上要吃饭了，有你喜欢的手抓饭哦。"

冬冬说："不嘛，我想吃巧克力饼干。"

妈妈不耐烦地说："那你还吃不吃午饭了？"

冬冬眨巴着眼睛一脸无辜地说："吃啊，谁说不吃了。吃了巧克力饼干也能吃饭啊。"

妈妈翻了个白眼："你的肚子就那么点儿，吃了巧克力饼干，哪里还装得下饭啊。先吃饭，一会儿再吃吧。"

冬冬突然生气地大声喊道："不，我就是要现在吃。不让我吃，我就不吃饭！"

妈妈也生气了："你威胁谁呢？不吃就别吃！"

冬冬握着小拳头，冲着妈妈大喊："就是要吃巧克力饼干，就是要吃巧克力饼干！"

妈妈气得转身就走："不给你拿，你吃什么吃。"

冬冬又急又气，连忙紧紧拽住妈妈的衣服大哭起来："给我拿，给我拿，我就要吃巧克力饼干！"接着他抡起小拳头使劲打妈妈的背。

妈妈也气得不行，抬手狠狠地打了冬冬的屁股。冬冬一下子松开妈妈，把茶几上的东西全推到地上，闹个不停。

妈妈看着厨房香喷喷的饭菜瞬间没了食欲，只觉得烦不胜烦。

一分钟解析

俗话说："六月的天，孩子的脸，说变就变。"孩子的自控力差，遇到开心的事就笑，遇到不开心的事就哭。当他们感觉遭到威胁或冒犯时，就会不自觉地开启"哭闹模式"，化身"熊孩子"大吼大叫。

上述小剧场中，冬冬想吃巧克力饼干，妈妈考虑到即将吃饭，拒绝了他的要求。这只是一件小事，但是母子双方立场不同，导致亲子矛盾激化。在冬冬看来，妈妈是找借口拒绝了自己，所以生气哭闹。而在妈妈看来，冬冬的行为就是在胡搅蛮缠，因此坚持立场，激化了矛盾。

其实，冬冬妈妈犯了一个常见的错误，那就是在孩子发脾气时，没有拿起"灭火器"灭火，而是"火上浇油"，最终导致孩子的情绪彻底崩溃。孩子看待问题相对片面，不能清楚地认识到自己的行为所带来的影响。此外，孩子还容易被情绪所左右。因此，当他们被拒绝时，会采取哭闹、发脾气来表达不满。而在特定的情景中，人的情绪会互相传染。如果父母不能正确引导孩子调节情绪，而是被其裹挟，就会出现"鸡飞狗跳"的场面。

除此之外，孩子发脾气时，有的父母会立刻"缴械投降"，用满足孩子的一切要求的方式来"灭火"。这种做法，是典型的不负责任，不仅会让孩子越来越得寸进尺，还会影响到孩子的性格养成及其未来发展。

一正老师有话说

先"灭火"，再讲道理

孩子愤怒时，就像一个小喷火罐一样，吱吱冒火，这时候，父母不管怎么做，都觉得"烫手"。其实，只要掌握下面三种方法，就能轻松"灭火"。

一、冷处理"灭火"法

孩子愤怒时，就像开启了一个"防护罩"，自动屏蔽了外界

的任何声音。无论父母说什么、做什么，都不能熄灭孩子的怒火。这时候，父母不妨采取冷处理的方式，让孩子自己先哭闹一会儿，等孩子的情绪平复一点儿再讲道理。

值得注意的是，冷处理 ≠ 冷暴力。在进行冷处理时，父母可以默默地陪伴在孩子身边，而不是丢下孩子一个人哭闹。

二、乾坤大挪移"灭火"法

这种方法适用于孩子发怒前。当父母察觉到孩子即将发脾气时，可以用好玩的玩具或有趣的话题，转移孩子的注意力，不让孩子沉浸在愤怒的负面情绪里，这样自然而然就把"火"灭了。

三、表扬式"灭火"法

这种方法适用于孩子发脾气后。孩子情绪平稳后，父母可以表扬孩子最终控制住了脾气。一般来说，孩子发脾气后的内心十分忐忑，不知道父母会怎么惩罚自己。这时，父母反而表扬孩子，会让孩子意识到，控制脾气是一件值得肯定的事，也是一件可以做到的事。在今后想发脾气时，孩子就会尝试学着管理情绪。

25. 碰到点儿事就伤心难过，这孩子是不是太脆弱了？

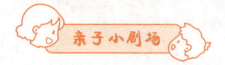

亲子小剧场

阳阳是个性格活泼的孩子，不喜欢被约束。有一天上课的时候，阳阳不认真听讲，还故意起哄，被老师当众批评了。他既羞愧又委屈。看到妈妈来接时，一下子扑到妈妈怀里。

妈妈很诧异："这是怎么了？"

阳阳说："老师说我上课不认真听讲，还故意起哄，当众批评我。"

妈妈说："上课起哄确实不对，老师批评你也是应该的。"

阳阳边走边解释："我那不是起哄！就算我起哄，老师也不能那样说我啊……"

妈妈说："你扰乱课堂秩序，要我是老师，我也批评你。"

阳阳不服气地辩解："我不是故意的，我的本意是想活跃课堂气氛，可是老师当着那么多人说我。"阳阳说着哭了起来。

妈妈看着不争气的儿子，十分闹心地说："多大点儿事就哭成这样，至于吗？男子汉大丈夫也太脆弱了。"

悲伤是一种"杀伤力"强大的负面情绪，它的"威力"丝毫不亚于愤怒。当孩子悲伤时，父母的态度十分关键。

上述小剧场中，阳阳当众挨了批评，见到妈妈时希望得到妈妈的安慰，但是阳阳妈妈犯了两个错误。她一把推开了阳阳，指责阳阳不应该哭，否定了阳阳的悲伤情绪。在后面的对话里，阳阳妈妈不仅没有理解、安慰阳阳，还抱怨阳阳"闯祸"。这一下子点燃了阳阳心中的怒火，他化悲愤为胆量，扭头跑开了。

有的父母发觉孩子悲伤哭泣时，第一反应是"息事宁人"。这类父母不在意孩子的悲伤，觉得孩子小题大做，只用"好了好了，多大点儿事啊""有什么好哭的"等话语安慰孩子，孩子当时可能止住了哭泣，却会把这种悲伤的情绪藏在心底。长此以往，孩子的情绪不断被压抑，长大后就可能出现心理问题。

有的父母发觉孩子悲伤哭泣时，第一反应是"追根究底"。这类父母在意孩子的悲伤，不断地问孩子："怎么了？发生了什么事？""你为什么哭？是不是受了什么委屈？""有事说事，你哭什么啊？"然而，孩子可能不愿意说出原因，或者没有具体原因。有的孩子只好编一个哭泣的理由，却被父母用"这么点儿事，值当哭吗"随意打发。

还有的父母发觉孩子悲伤哭泣时，第一反应是不耐烦。这类父母不关注孩子的情感，也不理解孩子的情绪，可能会对孩子的情感发展产生较大的负面影响。

倾听和理解比安慰更实用

孩子年龄小，情绪来得快，去得也快。很多父母觉得孩子伤心了哭一会儿就没事了。其实，有时孩子虽然不哭了，但是悲伤的情绪仍然存在。而且无声的悲伤更加致命。那么，当孩子悲伤时，父母怎么安慰孩子呢？记住以下四个步骤，帮孩子走出悲伤的"泥沼"。

一、陪伴

孩子悲伤哭泣时，父母不要着急问原因，而要陪伴在孩子旁边。父母可以轻轻地抱住孩子，告诉孩子："哭吧，没关系，有什么委屈大声哭出来就好了。爸爸 / 妈妈会一直陪着你。"不要小看陪伴的力量，它可以给孩子巨大的安全感。

二、倾听

等孩子哭得差不多了，父母轻轻为孩子擦去泪水，温柔地询问孩子哭泣的原因。这时，孩子出于对父母的信任，会告诉父母自己悲伤哭泣的真正原因。是害怕、委屈、生气、愧疚还是尴尬？只有了解了真实原因，父母才能对症下药，对孩子进行安慰。

三、共情

当孩子说出原因后，父母先不要急着下结论："你怎么这么傻啊，这点儿小事，也值得哭吗？""你只会哭，不会××吗？"而是应当先和孩子共情："原来是这样啊，你一定很生气/委屈/害怕吧！"通过共情，可以帮助孩子充分认识自己的情绪状态。

四、引导

父母和孩子达成共情后，就可以对孩子进行引导，帮助孩子正确分析具体问题，明确告诉孩子以后发生类似的事情应当怎么做。

通过以上四个步骤，不仅可以安慰孩子，彻底平息孩子的情绪，还能够教会孩子如何对待情绪。

26. 孩子得了抑郁症，该怎么拯救他？

亲子小剧场

明明最近总是唉声叹气。放学后，同学们相约一起玩，明明也不感兴趣。周末，爸爸妈妈计划带他去爬山，他也提不起劲儿，宁愿一个人待在家里。

妈妈说："明明，我们去爬山好不好？上次你不是羡慕同学去爬山吗？今天我们也去。"

明明说："不去，没意思。"

妈妈说："现在山上的花都开了，天气不冷也不热，正是爬山的好时候呢。"

明明说："不去，要去你们去吧，我不想去。"

妈妈说："你要是不想去爬山，我们就干点儿别的。去打羽毛球？或者去图书馆？对了，你不是一直想去一家网红书店吗？妈妈带你去好不好？"

明明说："不好，我不想去，哪儿也不想去，什么也不想干。"

妈妈说："孩子，你有什么心事吗？可以跟妈妈说吗？"

明明说："我没有心事，就是懒得动。你去忙你的吧，我一个人待着就行。"

妈妈说："那可不行，你是我的宝贝，我想陪着你。"

明明说："我才不是宝贝，我觉得我一文不值，没有人喜欢我！"

妈妈说："胡说，你这么优秀，大家都喜欢你啊。爸爸、妈妈、老师、同学都喜欢你啊。"

明明说："我一点儿也不优秀，我觉得自己糟糕透了，未来一片黑暗。"

妈妈说："你怎么能这样想呢？你这样想是不对的。"

明明说："我就是这样想的，妈妈，这就是我的真实想法。"

明明妈妈震惊地看着他，想说什么，但是一句话也说不出来。

一分钟解析

抑郁是一种负面情绪，当遭遇挫折，或者现实与期待差距过大时，孩子可能会陷入沮丧和抑郁的情绪中不能自拔。

上述小剧场中，明明妈妈注意到了明明最近的异常，所以提议全家人趁着周末一起去爬山。然而，明明拒绝了妈妈。接着妈妈又提议进行其他活动，然而明明全都拒绝了。他的情绪低落，悲观、厌世。然而，妈妈安慰的话语，却显得十分苍白。

当孩子陷入抑郁时，父母通常会有几种反应。

第一种，责骂孩子。

　　一些父母发现孩子总是唉声叹气，做什么也提不起劲时，常常会责骂孩子："干什么呢？""出什么幺蛾子呢？""好吃好喝的供着你，你还想怎么样？"这些话就像刀子一样，不仅不能制止孩子的行为，还会"雪上加霜"，把孩子推向更深的情绪深渊。

　　第二种，无视孩子。

　　一些父母觉得只要孩子吃饱穿暖，其他事儿根本就不算事儿。所以，即使发现孩子情绪低落，只要孩子仍然正常上下学，就不问也不说，直接无视孩子的情绪变化。这样的处理方式，无疑会让孩子在抑郁的情绪中越陷越深，最终会严重伤害孩子的身心健康。

　　第三种，不知所措。

　　一些父母在察觉到孩子情绪低落时，会询问原因，但是当得知孩子陷入沮丧，甚至产生抑郁倾向时，往往不知所措，只会反复说："怎么能这样想呢？"这种表现反而会让孩子更加绝望。

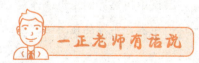
一正老师有话说

不放弃，不抛弃，积极面对

　　为人父母后，孩子的一颦一笑都牵动着父母的神经。当孩

子微笑时，父母的整个世界都明亮了。当孩子陷入沮丧时，父母的世界也仿佛被乌云笼罩着。

当孩子抑郁时，父母应当怎么做呢？只要做好三个"走心"就可以。

一、走心的交流

抑郁的孩子有时候会陷入绝望的深渊，不愿意开口交流。这时候，父母要解开孩子的心结，首先要在家庭内部营造良好的、温馨的交流氛围。在跟孩子交流时，要放下手头的工作，关掉电视，可以放点儿孩子喜欢的轻音乐，耐心倾听孩子的心声。

当孩子开口后，父母不要急于打断孩子，或下判断，而是要积极给出回应："哦，原来是这样啊……""嗯，你是这样想的……"这种回应能够鼓励孩子说出真实的感受，帮助父母理清思路，找到解决问题的办法。

二、走心的玩耍

孩子抑郁时，父母可以暂时放下手头的工作和学习，带孩子到户外游玩或从事户外体育活动，尝试用自然界的生机或体育场上的热闹，重新唤醒孩子内心深处对生命和生活的热爱。

三、走心的夸奖

孩子陷入抑郁时，可能会对自己失去信心。对此，父母要及时发现孩子的优点，并从小事上夸奖孩子。这里的夸奖，不是含糊的、笼统的夸奖，而是走心的夸奖，结合细节和自己的感受，让孩子切实感受到自己的行为值得赞赏。

父母是孩子坚强的后盾，是孩子温暖的避风港。当孩子陷入沮丧时，父母只有积极面对，不放弃，不抛弃，才能拨云见日，带领孩子走出负面情绪，回归健康生活。

27. 看到什么都害怕，
    他怎么越大越尿？

亲子小剧场

科学课上，老师布置了一项作业——养蚕宝宝。一开始赫赫很感兴趣，可是蚕宝宝长大一点儿后，赫赫却越来越害怕了。

赫赫妈妈说："赫赫，快来看，蚕宝宝又长大了，得给它们换个'大房子'了。"

赫赫连忙摆手说："妈妈，你帮它们换吧，我忙着呢。"

妈妈说："这是你的作业，不是我的。听话，快过来。"

赫赫一脸不情愿地走过去说："养蚕宝宝真麻烦啊。"

妈妈把一只蚕宝宝放在手里，举到赫赫眼前说："你看，它软软的，多可爱啊。"

赫赫吓得跳起来，把头扭到一边大喊："拿走，快拿走。"

妈妈看到他害怕的样子，觉得很好笑："你怕什么？它又不咬人。你看，它多可爱啊。"说着，她又把蚕宝宝拿到赫赫眼前。

赫赫吓得哇哇大叫，连连后退，就快哭出来了："啊，快拿走，我不要看它。"

妈妈再也忍不住了："哈哈哈，这有什么可怕的？你至于吓成这样吗？"

赫赫远远地站开："我就是怕它怎么了？你觉得可爱你养啊。"

妈妈把脸一沉："男子汉大丈夫，连个小虫子都怕。再说了，越是害怕什么，越要直面什么。现在，快过来，把手伸出来。"

赫赫磨蹭了半天才重新走过去，哆哆嗦嗦伸出了手。可是，赫赫妈妈刚把蚕宝宝放到他的手上，他就吓得大叫，差点儿把蚕宝宝扔出去……

一分钟解析

恐惧是人类的一种本能反应，孩子年龄小，对外界的敏感度高，容易出现恐惧和害怕的情绪。

上述小剧场中，赫赫在养育蚕宝宝的过程中表现出害怕的情绪，而赫赫妈妈不但没有帮孩子克服恐惧，反而在一边大声嘲笑孩子，生硬地要求孩子直面恐惧，但是这个办法似乎不太奏效。赫赫并没有因为妈妈的一两句话胆子就变大了，反而在接触到蚕宝宝时更害怕了。

在现实生活中，父母总会听到孩子说"我怕"。从小到大，孩子害怕的东西实在太多了。有的孩子怕打雷，有的孩子怕黑，有的孩子怕虫子，还有的孩子怕想象中的怪物……

当孩子陷入恐惧情绪时，父母往往不能理解孩子。有的父母觉得孩子夸张的行为十分可笑，忍不住大声嘲笑孩子；有的父母觉得孩子需要锻炼，所以强迫孩子直面恐惧；还有的父母觉得孩子大惊小怪，不耐烦地骂孩子一顿。这些错误的处理方法，可能会让孩子暂时"闭嘴"，但孩子心里的恐惧并不会消失，反而越累积越多。长此以往，孩子容易养成怯懦的性格。

一正老师有话说

巧建"安全屋"，化解恐惧情绪

孩子天真烂漫，有许多不切实际的想法，常常会莫名其妙地害怕。那么，父母应怎么帮助陷入恐惧情绪的孩子呢？其实，只要按照以下步骤，就能轻松化解孩子的恐惧情绪。

一、先安抚

当孩子说"我怕"时，是在向父母求助。这时父母千万不要嘲笑孩子，也不要不当回事，更不能责骂孩子，而是要第一时间安抚孩子。父母可以轻轻地抱抱孩子，拍拍孩子的肩膀，告诉孩子你在陪伴他，为孩子构建起一个"安全屋"。

二、找原因

当孩子情绪稍微稳定时，父母可以询问孩子害怕的原因。只有找出藏在孩子心底的真实恐惧源，才能解决问题。例如，孩

子说怕黑，可能并不是害怕黑暗，而是害怕黑暗中的"怪物"。又如，孩子说害怕比赛，可能不是害怕比赛本身，而是害怕一旦输掉比赛后他人的嘲笑。只有找出原因，才能有的放矢。

三、做示范

找出"罪魁祸首"后，父母可以通过亲身示范的方法，教孩子如何面对恐惧源。例如，孩子怕藏在黑暗中的"怪物"，父母可以在关灯后，陪伴孩子，同时给孩子放轻音乐或讲故事，营造温馨的氛围，帮孩子淡化恐惧。父母面对黑暗的积极态度，相当于给孩子打了一针"镇静剂"。

四、直面恐惧

父母的陪伴和示范，只能淡化孩子的恐惧，要彻底消除恐惧，必须让孩子直面恐惧。这里的"直面"，是一种趣味化的"直面"。比如，孩子怕"怪物"，父母可以让孩子描述怪物的模样和声音，或者让孩子把"怪物"画下来，在有趣的互动里，和孩子一起直面恐惧。

28. 特别容易焦虑烦躁, 怎么兜住 孩子的情绪?

我想转回原来的班, 我不喜欢这个新班级, 虽然老师、同学都挺好, 但我适应不了他们的节奏。我知道这个问题不好解决, 但我心里很着急……

　　小敏是个转学生，爸爸妈妈由于工作调动，带小敏来到了新的城市，转到了新的学校和班级。起初，小敏感觉新学校的一切都很新鲜，放学后，总是像小鸟一样，叽叽喳喳说个不停。但是最近她变得沉默了许多。小敏妈妈发现这一异常后，决定要好好和小敏谈一谈。

　　妈妈说："宝贝，新班级还适应吗？有什么困难吗？"

　　小敏迟疑了一下，小声说："妈妈，我想转回原来的班级可以吗？"

　　妈妈听了大吃一惊："怎么会有这种想法呢？现在的班级不好吗？有人欺负你吗？"

　　小敏摇了摇头："没有，老师和同学都很好。"

　　妈妈追问："那为什么想回原来的班级呢？是舍不得原来的老师和同学吗？"

　　小敏点点头："对，我想原来的老师和同学，我觉得我适应不了这里的节奏……"

　　妈妈打断小敏："怎么会适应不了呢？一开始肯定有点儿困难，自己下点儿功夫慢慢就好了。再说了，爸爸妈妈都在这里工作，你自己转回原班级也不行啊。"

小敏沮丧地低下头："这些我都知道，但是我心里很着急……"

妈妈说："慢慢来，急什么？多适应几天就好了。现在早点儿睡觉吧，明天还要上学呢。"小敏妈妈说着就催促小敏去睡觉了。

小敏只好叹了一口气去睡觉了。

第二天，小敏放学后没有立刻回家，直到很晚了，小敏爸爸妈妈才在附近的公园找到她……

孩子就像一棵小树，成长过程中难免经历各种风风雨雨。这时候，父母的态度和引导至关重要。

上述小剧场中，小敏转到新学校和新班级后，学习环境发生了较大变化，她的内心深处产生了强烈的危机感，一丁点儿"风吹草动"都可能让她陷入焦虑的情绪。然而，小敏妈妈虽然察觉到她的情绪变化，却不愿意花时间引导她走出焦虑，导致小敏越来越焦虑，甚至都不愿意回家了。

焦虑是一种特殊的情绪，当人们对自己的生活或学习状态极度担心时，就会产生一种烦躁、紧张、不安的情绪。对孩子来

说，焦虑的"门槛"很低。由于生活经验不足，孩子常常会因为一点儿小事，就产生焦虑情绪。

但是当孩子向父母倾诉、寻求帮助时，父母往往并不重视，要么一笑置之，要么敷衍了事。这些行为看似不经意，但是可能会推波助澜，让孩子深陷焦虑不能自拔。

一正老师有话说

教孩子做情绪的"主人"

父母作为成年人，不仅要处理好自己的情绪，还要能够兜住孩子的情绪，教会孩子如何做情绪的"主人"。其实，救助焦虑的孩子只需要两个方法。

一、不制造焦虑

传统观念认为，压力就是动力。压力越大，动力越大。在现实生活中，一些父母恨不得孩子有三头六臂，给孩子一个接一个报辅导班。平时，孩子不是在学习，就是在去学习的路上。父母的这种行为，看似是为孩子好，实际却是在制造焦虑。

人的承压性是有限的，就像一口压力锅，如果施加的压力过大，必须有一个释放出口。父母对孩子施加的压力也要适度，尽量保持在合理范围内，这样才能确保孩子健康、快乐地成长。

二、多听，多问，多陪伴

当孩子陷入焦虑时，就像一只彷徨的小兽掉进了陷阱里。这时候，父母的关心与陪伴显得尤其重要。父母平时应当多关心孩子，用心听孩子说话，判断孩子真实的生活或学习状态。孩子情绪不高时，多问几句，给自己一个走进孩子内心的机会，也给孩子一个倾诉和发泄的窗口。

此外，父母还要经常陪伴孩子。这里所说的"陪伴"，是一种有效陪伴。孩子学习时，父母在旁边玩手机、做家务，这只是形式上的陪伴，属于无效陪伴，而不是有效陪伴。而孩子学习时，父母也坐在书桌前看书，或指导孩子才是有效陪伴，才能培养出内心快乐的孩子。

第六章　教养习惯

正确的教养习惯能事半功倍

29. 老嫌我唠叨，
是我的问题
还是他不听话？

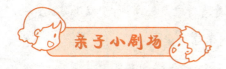

亲子小剧场

　　周末，琦琦和妈妈到饭店吃饭，妈妈点了琦琦爱吃的红烧肉，菜一上来，琦琦就开心地去夹红烧肉。刚举起筷子，琦琦妈妈就开始唠叨了。

　　琦琦妈妈说："光吃肉不消化，要多吃青菜啊。"

　　琦琦听到妈妈的话，只好让筷子转了个弯儿，去夹旁边的青菜："那我先吃青菜再吃肉。"

　　妈妈却又唠叨上了："只吃青菜可不行，营养不够，要注意荤素搭配。"

　　琦琦有点儿不知所措，夹菜的手顿了顿，眼珠一转说："那我把青菜和肉都放到盘子里，一起吃。"说着就把青菜和肉都夹到了盘子里。

　　妈妈看到儿子的动作后急忙阻止："注意素质，这是在外面，不是在家里，怎么吃饭也没个吃相啊。"

　　琦琦辩解道："不是你说要荤素搭配吗？我这就是荤素搭配。"

　　妈妈反驳道："噢，我说什么就是什么啊？你怎么没有一点儿自己的想法啊？你在学习上也这样没有主见吗？"

　　琦琦不高兴了："怎么吃顿饭又扯到学习了？"

妈妈可不管那么多，逮着琦琦就是一顿训："以小见大，一叶知秋，我从你吃饭就能看到学习上。"

琦琦生气地把碗一推："吃顿饭也唠叨个没完，我不吃了行吧？"说完琦琦拉开椅子就往外走。

妈妈急了，一把拽住琦琦的胳膊："我说你都是为你好，你这孩子怎么能不吃饭啊。"

琦琦一把甩开妈妈的手："听您的唠叨都听饱了，还吃什么吃！"

…………

一分钟解析

很多人一想起父母，首先跳入脑海的就是父母的唠叨。上述小剧场中，从上菜开始，琦琦妈妈的唠叨就没停过，一会儿说这不对，一会儿又说那不对。在妈妈的唠叨下，琦琦的情绪从不知所措逐渐发展到愤怒，最后饭也没吃就离开了饭店。

父母总觉得唠叨是一种爱，在父母眼里，孩子还小，生活经验严重不足，时时处处需要自己的指导，否则如果养成不良习惯，将来步入社会后就会走弯路，吃大亏。

其实在孩子眼里，唠叨就像是"紧箍咒"，是一种精神折磨。面对父母"爱"的唠叨，孩子通常不会求饶，但是会烦躁、愤怒。在唠叨下长大的孩子，通常会表现出两种行为特点。

第一种，事事顺从，没有主见。

孩子在父母的唠叨下养成逆来顺受的性格，事事处处听父母的，就像父母手里的牵线木偶一样，父母说一句才动一下，不说就不动，受父母或他人的主观影响较大，没有自己的思想和判断。另外，父母如果经常唠叨，孩子的性格通常较为内向，经常产生自我怀疑，懦弱不自信，做事时畏首畏尾，不知所措的现象。在进行人际交往时，通常不知道该如何维护与他人的关系。

第二种，事事反叛，和父母对着干。

父母的唠叨会增加孩子的焦虑，让孩子产生巨大的心理压力。一些孩子把父母的唠叨看作"挑刺"和"挑衅"，产生和父母对着干的心理。

一正老师有话说

错误的唠叨是一把刀

唠叨是一种性价比极低的教育方式，孩子烦，亲人厌。错误的唠叨更是破坏亲子关系的一把刀。那么，爱唠叨的父母，怎

么才能改正呢？只要采用以下三种方法，就能改掉唠叨的毛病。

一、说事情要抓重点

许多父母在面对孩子时，恨不得化身"全职保姆"。无论大事还是小事，只要对孩子好，就事无巨细地一再叮嘱孩子。其实这样做，不仅不能让孩子规避错误，还会因为信息过多，让孩子抓不住重点。

其实，孩子没有父母想象中那么弱。父母叮嘱孩子时，不妨抓大放小，凡事只抓重点，提醒孩子注意关键信息，更容易给孩子以指导。这样也可以在孩子心目中树立父母的高大形象，促使孩子仔细聆听父母的教诲。

二、化唠叨为行动

一千句唠叨也比不过一个行动。当父母想要通过唠叨来提醒、指责孩子时，不妨闭上嘴巴，用实际行动为孩子树立榜样，引导孩子改正错误，养成良好习惯。

例如，孩子吃饭不注意礼仪，父母在平时吃饭时做好榜样，用行动来影响孩子。

三、学会偷懒和拒绝

唠叨的父母通常自己都比较勤快，总能看到孩子的缺点。对此，平时父母不妨"懒"一些，只提醒，不越俎代庖，让孩子自己的事情自己做。即使孩子要求父母帮忙，也可以适当拒绝，从而锻炼孩子的自理能力，同时能减少唠叨，增进亲子关系。

30.承诺太多变谎言，
怎么许诺才有价值？

今天妈妈有事儿，下周再带你去爬山。

你说我收拾玩具就带我爬山的，说好了又不去，你骗人，我再也不相信你了！

亲子小剧场

霏霏是个好孩子，但是平时有个坏习惯：每次玩玩具后都不收拾。霏霏妈妈为了改掉她的这个坏习惯，承诺她只要每天坚持主动收玩具，周末就带她去爬山。霏霏听到妈妈的许诺开心极了，每天都主动收拾玩具。但是到了周末，妈妈忽然有事了。

妈妈说：“今天妈妈有事，不能去爬山了，下周再去吧。”

霏霏噘起嘴：“不，就要去。”

妈妈耐心解释：“妈妈今天有事儿，而且天气不太好，看着好像要下雨，下周再去不一样吗？”

霏霏“噔噔噔”跑去拿出雨披：“穿上雨披就淋不到了。”

妈妈叹了口气，又解释道：“下雨天山路台阶又湿又滑，要是在山上摔倒了可不是闹着玩的。”

霏霏又找出雨鞋和登山杖：“我们穿上雨鞋就好了，还可以拿上登山杖，不怕滑。”

妈妈头都大了：“这不是湿和滑的事儿！我都说了，我今天有事儿，别腻歪了，下周再去！”

霏霏一听彻底去不成了，生气地喊起来：“你说得好好的，我收拾玩具就带我去爬山，我都好好收拾了，又不带我去了！你骗人，我以后再也不相信你了！”

妈妈安慰她："这周是特殊情况，下周一定带你去。"

霏霏："大骗子，我才不相信你呢！"说着，她就起身把玩具箱打开，故意把里面的玩具扔了一地。

一分钟解析

在生活中，父母为了激励孩子，常常向孩子许诺，如果孩子做到了某件事，就给孩子某种奖励。这既可以让孩子产生积极动力，又能让孩子形成诚信的品格，因此，许诺教育被很多父母视为"制胜法宝"，屡试不爽。然而，一旦父母的许诺不能兑现，就会起到反作用。

上述小剧场中，霏霏妈妈用爬山作为奖励，引导孩子主动收拾玩具，周末却因为天气和个人因素取消了爬山，导致失信，成了孩子眼里的"大骗子"。

孩子的思维比较单一，和成人相比，他们更加看重承诺。在孩子的世界里，如果小伙伴许下了诺言却没有兑现，就会被扣上"撒谎精""大骗子"的帽子。父母如果只是为了激励孩子就随口许诺，乱开"空头支票"，就会被孩子贴上"失信者"的标签，以后再想用许诺来激励孩子就比较困难了。

诚信，是一种优秀品格，也是一个人的安身立命之本。尤

其是在诚信社会里，诚信就相当于人们的第二张"身份证"。每位父母都希望孩子成为一名正直、诚信的人。可是，如果父母胡乱许诺，做不到答应的事，则会导致孩子对父母产生信任危机，影响亲子关系。

正确的许诺价值千金

养育孩子的路上充满艰辛，为了培养孩子成才，父母使出了浑身解数，用上了三十六计，不仅正面教育，还通过许诺来激励孩子。那么，怎么向孩子许诺才有价值呢？只需要掌握以下几方面就可以。

一、坚持原则，不轻易许诺

君子一诺，价值千金。父母在使用许诺教育时，要坚持原则，不要事事许诺，也不要乱许诺。例如，做家务、收拾玩具、写作业等属于孩子力所能及的、分内的事，这类事情不许诺。只有当激励孩子做某件有挑战性的事情时，才许诺。例如，演讲比赛时，如果孩子表现好，就带孩子去看演出。

二、物质许诺和精神许诺相结合

一些父母觉得教育就像钓鱼，必须用"饵"在前方诱惑孩子才有动力。但是，在使用许诺教育时，需要注意物质许诺和精神许诺相结合。如果一味使用物质许诺，不仅会增加家庭的额外负担，还会影响孩子的学习态度。因此，只有把物质许诺和精神许诺相结合，才能让许诺更有价值。

三、做不到要及时道歉

说话算数，是一个人最基本的社交礼仪，也是维护亲子关系的基本保障。当父母向孩子许诺后，却无法兑现承诺时，应当及时向孩子解释，必要时还要放下权威，向孩子道歉，取得孩子的谅解，或者与孩子协商更换许诺，或推迟许诺兑现的时间。只有这样，孩子才会感受到父母对自己的尊重，才能实现许诺的价值。

31. 孩子太"欢实"，要不要顺从他的天性？

树上真好玩。看得可远了，那边树杈上面还有一个鸟窝呢，我要把它捅下来！

太调皮了，爬那么高很危险，快下来！

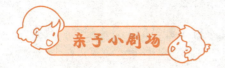

　　阳阳是个古灵精怪的孩子，他爱跑爱跳，总是想方设法给妈妈出难题。周末出门玩耍时，阳阳不喜欢游乐场，却喜欢上树爬墙，哪怕把手上的皮都蹭破了也要往上爬。对此，妈妈的肺都快气炸了。

　　妈妈说："阳阳，怎么又上树了？快下来！"

　　阳阳说："妈妈，树上真好玩，看得可远了，那边树杈上面还有一个鸟窝呢。"说着，阳阳就继续往上爬。

　　妈妈吓得脸都白了："你怎么那么调皮，爬那么高太危险了，快下来！"

　　阳阳毫不在意："妈妈，你就放心吧，我的技术可好了，不会摔的。"

　　妈妈突然灵机一动："前面有好玩的，快下来，我们去前面看看。"

　　阳阳朝前面望了望："妈妈，你别骗我了。我在树上看得清清楚楚，前面什么也没有。"突然他脚下一滑，差点儿踩空。

　　妈妈急得满头大汗，使劲跺了跺脚："你别往上爬了，快下来，我带你去吃好吃的。"

　　阳阳连看都不看妈妈，只顾着使劲往上爬："我才不稀罕什么好吃的，我只想看看鸟窝里有什么。"

妈妈在树下不停地大喊："别往上爬了，太危险了，快点儿下来吧。"

阳阳说："妈妈，你就会大惊小怪。这有什么危险的，轻轻松松，简简单单嘛。"说着，阳阳就爬上了高高的树杈。

妈妈在大树下提心吊胆地看着，生怕他一不小心从树上摔下来。最后，她磨破了嘴皮子，才说服阳阳从大树上下来。

一分钟解析

孩子天性爱玩，古灵精怪，十分可爱。有的父母认为，孩子有自己的人生，父母不应该为孩子负责，所以坚持"放养教育"。有的父母却认为在教育的路上，严是爱，松是害，所以坚持"圈养教育"。还有的父母在"放养"和"圈养"间来回摇摆。

上述小剧场中的阳阳，不喜欢游乐场，只喜欢爬树。从客观上来看，爬树是孩子亲近自然的方式，能锻炼孩子的胆量、协调能力和平衡力，让孩子收获自信和快乐。但是，爬树也是一项有挑战性的活动，伴有一定的风险。所以，阳阳妈妈十分担心。面对孩子的这个天性，不知道该顺从，还是坚决扼杀。

孩子天真活泼，爱好广泛。作为父母，该不该顺从孩子的天性呢？答案是否定的。孩子的年龄较小，自制力相对较差。如果父母一味顺从孩子的天性，或者打着"释放天性"的名义纵容孩子，实际上是父母在偷懒。长此以往，孩子会逐渐养成随心所欲的个性，最终将一事无成，以悔恨收场。

相反，如果父母强行剥夺孩子的天性，强迫孩子放弃喜欢的事物，按照自己规划好的路线前行，可能会引发孩子的叛逆心理，同样无法达到良好的教育效果。

一正老师有话说

积极引导胜过一味顺从

古语说："学如逆水行舟，不进则退。"其实，教育也是如此。与其一味地顺从或打压孩子的天性，不如因势利导，从天性中发现孩子的闪光点。具体来说，可以通过以下两种方法引导孩子的天性。

一、因材施教

孩子的天性不是"原罪"，而是一种特殊的"天赋"。兴趣是孩子学习的主要动力。有了兴趣，孩子才有生活和学习的动力。父母应当尊重孩子的天性，从中发现孩子的兴趣，并利用孩

子的兴趣，进行因材施教。

历史上，许多伟大的发明都始于兴趣。例如，英国物理学家焦耳小时候频繁闯祸，他做这一切是为了进行物理试验。长大后，凭借着对物理的兴趣，焦耳成为一名物理学家。

上述小剧场中的阳阳喜欢爬树，父母可以为孩子介绍与攀爬有关的活动，如登山、攀岩等，把孩子的兴趣转移到相关运动方面，通过类似的运动锻炼孩子的综合能力。

二、设立边界

有的父母比较开明，鼓励孩子充分释放天性。然而，这里的"释放"不是绝对的、毫无限制的，而是设立了一定的边界和规则。孩子在父母设立的边界内充分释放天性，既可以提高孩子的幸福指数，又可以引导孩子养成独立思考的习惯。

32. 要生二胎了，该怎么告诉大宝？

妈妈要生小宝宝了，你就要有弟弟或妹妹了，你开心吗？

不开心！我不喜欢小宝宝，我不想要弟弟或妹妹！有了弟弟妹妹，爸爸妈妈就不爱我了……

亲子小剧场

翰翰的妈妈怀孕了，爸爸妈妈、爷爷奶奶全都开心地准备迎接新生儿。每个人都告诉翰翰，他很快就会有一个弟弟或妹妹了，翰翰却一点儿也不开心。一天，爸爸告诉他，再过两个星期小宝宝就出生了，翰翰却突然哭起来。

爸爸蹲下身问道："怎么了？"

翰翰紧紧地抱着爸爸，边哭边说："我讨厌小宝宝，不喜欢他来我们家。"

爸爸疑惑地问："你不是很羡慕别的小朋友有弟弟、妹妹吗？"

翰翰使劲摇头："不羡慕了，我只要爸爸和妈妈。爸爸抱抱我吧。"说着，他又伸出手想抱爸爸。

爸爸耐心解释："爸爸和妈妈仍然在，只是多了一个弟弟或妹妹。"

翰翰一直摇头："可是我只要爸爸妈妈。有了弟弟妹妹，爸爸妈妈就不爱我了。"

爸爸皱着眉头："爸爸妈妈依然爱你啊，你一个人太孤单了，妈妈才想生个弟弟或妹妹陪你玩的。"

翰翰伤心地哭喊道："弟弟或妹妹会把爸爸妈妈抢走的，妈妈已经很久不抱我了，爸爸也不抱了。"说着就哇哇哭起来。

爸爸急忙把翰翰抱起来，反复安慰他。

一分钟解析

近年来，很多家庭都制订了二胎甚至三胎计划，但是在准备迎接新生命的同时，很多父母却不知道怎么和大宝谈二胎。

上述小剧场中，翰翰的爸爸妈妈、爷爷奶奶全都沉浸在迎接新生命的喜悦中，却忽视了对翰翰的引导。翰翰既担心小宝宝出生后抢走爸爸妈妈的爱，又嫉妒小宝宝得到关注，所以对小宝产生了排斥心理。翰翰爸爸却没有及时对翰翰进行正确引导。

其实，同一个家庭中的兄弟姐妹之间也会有嫉妒和竞争。如果父母看不到，或刻意忽视这种嫉妒和竞争，在小宝宝出生后忽视了大宝，可能会给整个家庭带来严重的后果。比如，有的父母在小宝宝出生前后，把大宝交给老人照顾，自己则全身心照顾小宝宝；还有的父母在小宝宝出生后，就让大宝自力更生，对大宝不闻不问……

殊不知，当父母对小宝宝过于偏爱时，大宝会觉得小宝宝抢走了原本属于自己的爱，产生强烈的嫉妒心。这种嫉妒心可能会毁掉大宝的童年。许多大宝的童年在小宝宝出生时就结束了，

好父母有办法：
一看就会的 99 个教养技巧

大宝会默默地把嫉妒藏在心里，还会与父母渐行渐远。个别嫉妒心强的大宝则会做出打骂小宝宝，甚至伤害小宝宝的行为。

站在孩子的角度思考

每一个孩子都是父母的天使，当一个家庭制订二胎计划时，一定要把安抚大宝列入其中。只有安抚好大宝才能更好地迎接新生命的到来。那么，怎么和孩子谈二胎呢？不妨试试以下几个方法。

一、提前给孩子打"预防针"

当父母制订二胎计划时，可以先和大宝聊聊天。比如："你们班哪位同学家里有小弟弟或小妹妹？""他跟你们说过小弟弟或小妹妹吗？""你想要一个小弟弟或小妹妹吗？""如果你有了小弟弟或小妹妹，你会给他／她起什么小名？"等。

通过谈论二胎的话题，可以给大宝打一个预防针，让他对二胎的到来进行想象和期待。

二、及时表达关爱与期待

当父母宣布二胎即将到来时，不要忽略大宝的感受，及时对大宝表示关爱。比如，妈妈不方便抱大宝，但是可以陪伴大宝玩游戏或学习。又如，告诉大宝，等小宝宝出生后，他就是一名大哥哥或大姐姐了。在这个过程中，让大宝感受到爸爸妈妈的爱并没有减少，从此减轻他的嫉妒和戒备心理。

三、一碗水端平

二胎出生后，父母在照顾小宝宝的同时，要关注大宝的情绪变化，每天抽时间和大宝聊聊天，即使大宝表现出讨厌或嫉妒小宝宝的言行，父母也应当表示理解和包容。在对待大宝和小宝宝时，尽量一碗水端平，公平公正，引导大宝顺利度过这个特殊时期。

33. 父母决定分开，
怎么告诉孩子？

爸爸妈妈决定要分开了。

你们为什么要分开，是因为我不够乖吗？

亲子小剧场

　　睿睿的爸爸和妈妈准备离婚，考虑到睿睿已经上小学了，睿睿妈妈决定在正式签字前和睿睿谈一谈。

　　妈妈说："睿睿，你已经8岁了，是个小男子汉了，家里的一些决定，我需要跟你谈一谈。"

　　睿睿严肃地坐好："妈妈，你说吧，我听着呢。"

　　妈妈说："你知道，爸爸和妈妈都非常爱你。这些年我们在一起度过了很多开心的日子。但是现在，爸爸和妈妈因为一些事情，没有办法继续相处下去，所以我们打算分开。但是我们对你的爱是不变的。"

　　睿睿警惕地问："你们分开是什么意思？不住在一起了吗？"

　　妈妈说："是的，爸爸会搬出去，你和妈妈一起住。但是每个周末，爸爸会来接你一起玩。"

　　睿睿伤心地问："为什么啊？是因为我不够乖吗？"

　　妈妈说："不是你的原因，是爸爸妈妈的原因。对不起，我们想了很多办法，也尝试了一段时间，但是没有办法开心地相处，必须分开。"

　　睿睿哭出声来："不，我不要，一定还有办法的……"

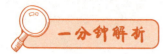

近年来，伴随着人们对婚姻质量的追求越来越高，许多父母面临着和孩子解释离异或再婚等问题。部分父母在离异或再婚时，首先考虑的是自己的情感，较少站在孩子的立场考虑。

其实，对于孩子来说，家庭是他／她的避风港，家庭中发生的任何变故都会对孩子的身心产生重大影响。上述小剧场中，睿睿妈妈和孩子的交流树立了一个正确的榜样，把父母离异对孩子的心理伤害降到最低。

每对父母都希望孩子能够在幸福、健全的家庭中快乐地生活。但是，当父母的婚姻走到尽头，无法挽回时，在处理相关事宜前后，一定要注重对孩子进行心理疏导，这样才能确保孩子在今后依然健康、快乐地成长。

牢记"三要""两不要"

孩子是洞察情绪的高手，也是家庭"大侦探"。他们对家里的阴晴圆缺、大事小情十分敏感。当父母的情感出现变故，和孩子进行沟通时，牢记"三要""两不要"。

一、要如实告诉孩子

有的父母担心孩子小，不告诉孩子实情，而是精心编织一个谎言。比如，"爸爸出差了""妈妈去外地了"。然而，谎言就像肥皂泡，总有被戳破的一天。因此，不要隐瞒，如实告诉孩子，同时安抚孩子，说爸爸妈妈对他/她的爱不会改变。

二、要耐心沟通

不要只告诉孩子一句话，要适度告诉孩子你的态度、你的惋惜，但是情绪要相对稳定，让孩子感到你可以解决这件事，减少孩子的焦虑。

三、要教会孩子面对

家庭变故必然会招致一定的议论，身为父母，要预判相应的问题，并教会孩子怎么应对，帮助孩子建立心理防御机制。

四、不要抨击另一半

在孩子看来，爸爸妈妈都是他的亲人。所以，无论父母怎么伤心难过或愤愤不平，也不要抨击另一半。否则，会给孩子留下心理阴影，不利于孩子的成长。

五、不要剥夺另一半的探视权

孩子有权利获得父母双方的爱，如果父母想要把对孩子的伤害降到最低，就不要剥夺另一半的探视权。此外，也不要向孩

子打探对方的情况，或让孩子传话，向对方要钱要物。在变故之下，父母唯一能为孩子做的，就是确保孩子继续无忧无虑地成长。

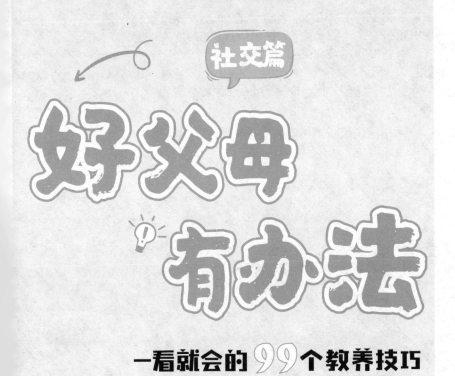

社交篇

好父母有办法

一看就会的99个教养技巧

一正 / 著

辽宁人民出版社

©一正　2024

图书在版编目（CIP）数据

好父母有办法：一看就会的99个教养技巧. 社交篇 / 一正著. — 沈阳：辽宁人民出版社, 2024.5
ISBN 978-7-205-11071-0

Ⅰ . ①好… Ⅱ . ①一… Ⅲ . ①家庭教育 Ⅳ . ① G78

中国国家版本馆 CIP 数据核字（2024）第 067735 号

目录

第一章　家庭沟通

培养孩子社交好习惯

1. 见了长辈就是不打招呼，他在拽什么？

亲子小剧场

这天，妈妈在接小优放学的路上，遇到一位年长的女士。妈妈立刻停下脚步与这位女士攀谈起来，小优只好尴尬地站在一边，漫无目的地观察周围。

"他是小优吧，一转眼都长这么大了，上几年级啦？"或许是出于客套，那位女士突然把话题转移到了小优身上。

小优立刻生出一种不好的预感，心想：这下可惨了，接下来的话题可能会一直停留在他身上了。怎么办呢？他打算假装听不见，希望这个话题赶紧略过。

"快叫人啊！"妈妈突然碰了碰他的胳膊，狠狠白了他一眼，说："不会说话啦，这个傻孩子！"

小优一下子慌了，心想：该叫什么呀？阿姨？看着比阿姨年长。奶奶？看着又比奶奶年轻。我都不知道她是谁，叫错了怎么办？那不更尴尬？于是他深深地望了一眼妈妈，但妈妈并没有要提醒的意思。

这时，小优索性心一横，迈着大步头也不回地走开了。

"唉！怎么这么没礼貌！"留下一脸尴尬的妈妈正努力向对方解释着，"他不爱说话，太腼腆……唉，现在的孩子真难管教……"

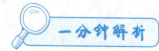

一分钟解析

这种情况并不在少数，许多父母都有过这样的经历，无论怎么说教，孩子一出门就变得不爱打招呼。而这种行为又总是发生在亲朋好友中间，经常会搞得家长很没面子、很尴尬，家长于是转而埋怨孩子没礼貌、没教养。

究竟为什么会出现这种情况呢？错全在孩子身上吗？

其实并不是。

在上面"小剧场"中，妈妈半路遇见熟人，没有在第一时间将那位女士和小优互相介绍，只顾自己攀谈，完全忽略了小优的存在，要不是女士突然把话题转移到小优身上，小优甚至完全意识不到打招呼的必要。

很多时候，并不是孩子不想打招呼，只是父母没有考虑到孩子，也没有给孩子提供合适的机会和恰当的氛围去表现自己。所以，遇到孩子不打招呼的情况，父母应该先想一想为什么会这样，是不是有什么顾虑，还是自己没做好？

然而，当小优没能及时打招呼时，妈妈直接把问题推给了小优，甚至实施"语言暴力"，说小优"没礼貌""难管教"，以此缓解自己的尴尬处境。结果就是，孩子面对父母的不理解、暴躁，选择逃离尴尬处境，继而变得更加不爱说话，更加不讲礼貌。

　　我们都说，父母是孩子的第一任老师，父母的行为习惯，哪怕一句话，都有可能影响到孩子行为习惯的养成。当父母埋怨孩子见人不打招呼时，自己是否做到了呢？家长虽然口头上时时督促孩子要有礼貌，但有没有给他创造机会去真正实践呢？尴尬的情景发生后，家长能否设身处地为孩子着想，帮助孩子化解尴尬呢？

　　答案是否定的。大多数妈妈只会抱怨自己苦口婆心教了那么多次，孩子为什么就是不听。最后，就像"小剧场"中的妈妈一样，把问题一脚踢给了孩子。

一正老师有话说

不如给孩子做个榜样

　　孩子见了长辈不爱打招呼怎么办？千万别指责孩子没礼貌，更不要给孩子扣帽子。其实，见面打招呼只是一种日常社交习惯，而习惯需要慢慢养成。

一、把礼貌做足，为孩子树立一个好榜样

　　父母平时一定要有意识地在孩子面前树立榜样。比如，见

到熟人，郑重地打招呼，把礼貌做足，而不要为了打招呼而敷衍了事。

二、遇到问题，当下纠正，及时教育，切忌把问题复杂化

很多父母只把教育停留在口头说教上，真正的教育应该是遇到问题，一对一当下解决。孩子不打招呼，就针对这一行为及时纠正和教育，可以问问孩子为什么，在顾虑什么，然后告诉他这只是一种人人遵守的行为习惯，就像吃饭、睡觉一样自然。教育一次不行，就两次、三次，但不要给孩子扣帽子，把简单的行为问题上升为复杂的个性问题。

三、礼貌用语挂嘴边，让孩子形成良好的社交习惯

礼貌用语大有讲究，如"你"和"您"有不同的用法。"您好"比"你好"更能让人感受到尊重，在"谢谢"后加一个"您"字，就能让人感觉诚意加倍。多用这些礼貌用语，孩子就能从心底感受到礼貌的用意，而不是把它当成任务，为了打招呼而打招呼。长此以往，良好的社交习惯自然而然就养成了。

2. 大人说话，
她永远要插一嘴

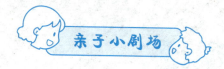
亲子小剧场

这天，家里来了位客人，是妈妈很久未见的朋友。朋友远道而来，又好久不见，妈妈便和朋友坐在沙发上促膝长谈起来。

"我跟你说，我这两年去了很多地方，真是……"

"太羡慕你了，但是我现在……"

"妈妈……妈妈……"一个小时过去了，默默见妈妈跟别人聊得起劲，也想加入进来，让妈妈听自己说说话。

可是，妈妈根本不理会默默。

"妈妈……妈妈，你听我说啊！"默默见状，着急了，一个劲儿地摇晃妈妈的身体。

"哎呀，你没看见妈妈在跟阿姨说话吗？你怎么回事？有没有礼貌！"妈妈的谈话被打断，冲着默默大喊了一声。

"妈妈，我想说我……"

"说什么！作业写完了吗？没有写完作业你在这里干什么！赶紧回你房间写作业！"

默默到嘴边的话没说出来，委屈得眼泪都要掉出来了。

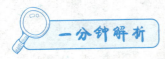

孩子们似乎都有这样一面，家里越是来了客人，他话越发多起来，尤其在和客人谈话时，还会冒出来插上一嘴，问东问西，屡屡打断大人的谈话。

孩子的这种做法不但让家长难堪，对客人也十分不礼貌。于是，家长火冒三丈，冲着孩子发脾气。

孩子爱插嘴虽然令人烦恼，但这属于正常现象，是孩子在成长过程中必然会经历的阶段，家长不必过于紧张。只要你细心观察，就不难发现，孩子并不是存心要打断你的谈话，他只是想要表达自己的想法。

在孩子看来，世界是以他为中心的，当他想要说话时，发现妈妈根本没有在听，他就会一遍一遍地呼唤"妈妈"，以自己的方式引起父母的注意。

那么孩子这么急切地想要说什么呢？

会不会是突然发现了什么有趣的东西，想到了什么紧要的事，又或者大人们的谈话引起了他的某个兴趣，才让他迫不及待地想解决心中的这些疑惑。这时的插嘴，多半带着"好奇"的成分。

孩子也许有很多话想说，但如果家长不打算倾听，就永远不会知道他要跟你说什么，以及为什么打断你的谈话。

当然，孩子也可能觉得客人占据了妈妈太多的时间，而这个时间本来是属于妈妈和自己的，所以才故意打断你的谈话。

客人的到访打乱了孩子的计划，孩子百无聊赖，不知道自己该干点什么，所以带着"赌气"的成分去插嘴。

不管哪种情况，孩子的插嘴行为都是有一定原因的，并不是像上面"小剧场"里的妈妈一样，用一句"有没有礼貌"或"赶紧回你房间写作业"就能解决掉的。

学会倾听孩子的声音

大人说话，孩子爱插嘴，这个问题可大可小。孩子喜欢在大家都说话的时候插嘴，这表明孩子有强烈的求知欲、表现欲和思维力，但如果父母不能正视这个问题，并及时帮孩子纠正核心问题，孩子就容易形成不良的社交习惯。

一、给孩子足够的关注

在一个家庭中，孩子最在意的人是谁？是父母。他认为父母应该时时刻刻关注自己。所以，当父母和其他人进行短暂交流或促膝长谈时，不妨先郑重地把孩子介绍给他人，让孩子感受到自己是被重视的。这样，他很快就会对你们的谈话失去兴趣，转头去做其他事情了。

二、倾听孩子的声音

有时候，大人总是习惯用自己的思维方式去理解孩子，但孩子看待和理解事物的维度跟大人是完全不同的。所以，既然孩子要说，不妨让他说个明白，哪怕他说得颠三倒四也没关系，他只是急需一个倾听者。父母可以事后再找时间问他为什么这样想，为什么那样说，以及为什么要插嘴。

三、事后行为纠正和教育

插嘴这件事的确显得不够礼貌，但父母当场制止甚至责难孩子是大大不利于亲子沟通的。纠正和教育一定要放在人后、事后。你可以让孩子也体会一下和朋友谈得兴起时被人插嘴的感受，然后问他："你在和朋友聊天时被妈妈打断，是不是也会觉得很烦呢？"再加以引导，帮孩子逐渐改变这个习惯。

3. 孩子天生内向、腼腆，还有救吗？

亲子小剧场

爸爸的公司组织了一场"周末家属游"活动，很多同事相约带孩子参加，爸爸也决定带上可可。

等到了目的地，大部分小朋友都撒了欢儿似的跑闹起来。事实上，这些孩子在两个小时的车程中就已经彼此熟识了。而可可呢？她一直依偎在爸爸的身边，瞪着一双圆溜溜的大眼睛，观察着其他小朋友的动作。

"你看，弟弟给你糖果呢？你不想要吗？"爸爸一直鼓励可可接受别人的邀请，但她只是羞涩一笑，然后把脸藏在爸爸的身后。

"可可从小就这么内向吗？"有位同事问道。

"是啊！以前我总觉得孩子见人少才会这样，所以一直带她多见人，但只要一到了人群中，她立马就变得腼腆起来，可能天生就是这个性格。"可可听到爸爸在谈论自己，把脸埋得更深了。

"姐姐，和我们一起玩捉迷藏吧！"同事故意把自己孩子拉过来，鼓励他带可可一起玩。

"弟弟真乖，姐姐有点害羞，弟弟拉着姐姐过去好吗？"爸爸见可可不应声，就强拉着可可的手去握弟弟的手，可可这才一步三回头地跟着弟弟走了。但她那满脸惊慌的表情，又让爸爸感到心疼。最后，两个小朋友还没走出五米，可可就转身跑回了爸爸的身边。

"唉！你这个性格，将来可怎么办呢？"爸爸一脸惆怅地说。

 一分钟解析

父母总希望自己的孩子活泼、开朗、外向些，因为这样的孩子站在人群中往往能成为焦点，闪闪发光。一旦自己的孩子表现得不善交际、腼腆、不爱说话，父母就会觉得他不识大体、拿不出手、没出息，甚至会为他的未来担忧。

性格确实有内向型和外向型之分，但并没有研究能够表明天生内向的孩子一定没有好的未来。美国的一项统计调查显示，社会精英多属于内向型性格。

内向型的孩子虽然没有众多的社交手段，但往往更具有专注力，思维更加缜密，做事也更加理性。最重要的是，他们对一件事情总是拥有善始善终的毅力，哪怕因为性格内向而错失生活中的很多机会，也不会妨碍他想要完成一件事的决心。

这表明，孩子性格是内向型还是外向型，他爱表现还是喜欢一个人独处，跟他长大后是否有出息关系不大，反而是父母的

态度决定着孩子成长的走向。比如，家长早早给孩子定性，给他贴上"内向""脑腆"的标签，只会给孩子心理暗示，让他朝着这个方向发展下去。

其实很多孩子并不是天生就内向的，因为父母没有妥善引导，才表现出了内向的一面。就像上面"小剧场"中所展示给我们的，爸爸认为可可就该像其他小朋友一样，冲出去跟他们打成一片，于是一味地把她往外推，始终没有问过可可的想法。这种做法反而会加剧可可的"社恐"心理，认为自己跟别人不一样，不如别人，变得极度不自信，内心越来越孤独。

"你愿不愿意呢？""爸爸尊重你的选择。"或许两句简单的话就能打开孩子的心扉。

不要轻易给孩子定性，更不要为他代言

许多家长把性格的属性与性格的好坏搞混了。其实，不管孩子是内向型还是外向型性格，都不妨碍父母培养出一个优质孩子。那么，怎样才能打开孩子的内心世界，让他勇敢开口说话呢？

一、顺其自然，接纳孩子天生的性格

如果孩子天生内向，那么几乎没有办法扭转这一事实。父母能做的就是接受他的性格，顺其自然，尊重他们的想法，让他们接触自己想接触的人，说自己想说的话。"强迫"只会让孩子对人际交往产生敌对、恐慌情绪，变得更加内向。

二、发现孩子的优点，鼓励他做擅长的事

家长一定不能轻易给孩子定性，贴上"不爱说话""没出息"的标签，这只会打击孩子的自信心。家长要摘掉有色眼镜，发现孩子的优点，让他去做愿意做和擅长做的事，这样才能把孩子自身潜藏的优秀品质发挥出来，让自信成为他最大的底气。

三、父母要陪同练习，弥补社交上的不足

任何成长都是一步步完成的，孩子性格所带来的社交缺失，需要一点点弥补。如果他不敢当众讲话，就鼓励和陪同他在家人面前讲故事，过段时间再邀请熟人来家里听孩子讲故事，循序渐进地扩大孩子的听众范围。要克服这一难关，家长和孩子都要付出努力，一点点改变。

4. 一生气就关房门，拒绝沟通

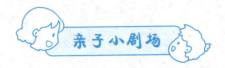

"小优，你给我出来！"这天，妈妈一进家门就气冲冲地喊道。

小优慢腾腾地从自己房间走出来，站在房门口不知所措地看着妈妈。

"你今天在学校又调皮捣蛋了？"妈妈忍住气，尽量心平气和地问道。

"没有啊……"小优咕哝着。

"没有？那为什么你们班同学给我打电话说你摔了人家的水杯？"妈妈提高了嗓门，继续追问，"你说，是不是故意的？"

"谁说我是故意的！"小优仰起头，大声嚷道，"我没有！"

"我看你就是故意的，不然刚才问你，你怎么不说！你同学说你拿着人家水杯看了好几次！"妈妈几乎是吼着说出来的。

"我看水杯就……"小优板着脸，把要说的话咽了下去，转身就往自己房间走，"反正我没有！你爱信不信！"说完"砰"的一声关上房门，还上了锁。

"你给谁甩脸呢，给我出来！"这下，妈妈抓狂了，恨不得对着房门拳打脚踢。

过了一会儿，妈妈叫小优出来吃饭，但仍然不见回音，于是妈妈又撂下一句狠话："有本事永远别开，你还有理了！"

"出来咱们把话说清楚，到底是怎么一回事！"两个小时过去了，房门仍旧紧锁，这下妈妈开始着急了，放低姿态，一个劲地说好话。

一分钟解析

孩子一生气就关起房门，拒绝沟通，这是很多家长都会面临的问题。面对这种情形，很多家长都会像"小剧场"中的妈妈一样，一开始被激怒，变得抓狂，失去理智，还有些男性家长甚至会一脚踹开房门，非得把孩子拎出来不可。

关起房门这个举动，确实就像一个雷，让原本可以进行的沟通发生大爆炸，然后陷入一片死寂。因此，很多家长都会把问题的根源指向孩子，埋怨孩子"关门"和"拒绝沟通"的举动不对。但是，父母是否想过，孩子为什么会这么做呢？导致孩子关起房门的根源又是什么呢？

其实，观察"小剧场"中的场景，可以很清楚地知道，在进行沟通前，妈妈已经带上了很多负面的情绪和想法，如她气冲冲地把孩子叫出来，质问孩子是不是做了错事，等等。所以，在沟通之前，父母已经是情绪失控的状态了，这才造成了这场沟通

的无效。

孩子面对突如其来的失控场面，面对咄咄逼人的质疑，会感到一阵窒息，巨大的心理压力让他觉得任何解释都是无济于事的，只能依靠反抗和逃避来保护自己。于是，反锁房门，拒绝沟通。

在这之后，父母又犯了另外一个错，即以父母的身份命令孩子，不许孩子有情绪，所以对孩子关起房门、拒绝沟通的行为难以接受，于是又着急要打开门。

直到家长冷静下来，才意识到自己的行为偏激了，开始担心孩子的身心安全问题，反思是不是自己误会孩子了。

于是，后悔莫及。

允许有情绪，但要限制负面行为

家长要明白一个道理，你是第一次为人父母，从孩子生下来那一刻，你才以父母的身份和孩子一起长大。既然大家都是"同龄人"，家长就不应该以父母的姿态命令孩子，让孩子变得战战兢兢，不敢表达情绪。

一、允许孩子有情绪，但要限制负面行为

遇到问题，父母要控制好自己的情绪，允许孩子发脾气、有情绪，待孩子发作完、冷静下来再谈问题，以免双方出现过激的行为。这样，父母才能在每次的沟通中掌控局面，限制孩子"关房门"这样的负面行为。

二、向孩子提出自己的需求

很多父母一遇到孩子的问题就犯愁，只知道责难孩子，但这只会让事态变得更严重，家长不如将自己听来的事情原委表述出来，再提出自己的疑问和需求。比如："关于打破水杯这件事，妈妈只是听了你同学的一面之词，现在，妈妈想听听你的说法……"注意，是提出自己的需求，而不是命令。

三、不放弃沟通，始终营造可以自由表达的家庭氛围

在遇到问题时，家长要始终注意，不要被孩子的不良情绪所影响。当孩子一生气拒绝与自己沟通时，父母不能本着"眼不见心不烦"的态度也放弃沟通。在平时生活中，家长应该注意多给孩子发言权，让孩子有自由表达的机会。这不仅能有效规避沟通困境，也有利于提升孩子的表达能力和做人做事的情商。

5. 说话颠三倒四，没头没尾，听着就来气

"妈妈，嗯……妈妈，妈妈，我想跟你说件事，妈妈。"小优放学回来第一时间就找到妈妈，想要分享他今天遇到的一件新鲜事。

"你说吧，妈妈听着呢！"妈妈虽然立刻回应了他，但并没有停下手中的工作。

"妈妈，就是……今天，那个……你知道小红吗……哦，她是我们班新来的……那个，就是……老师……"小优好像是太高兴了，不知道该从哪说起，结果"这个、那个"说了半天，也没说出个头绪。

"哎呀，什么这个那个的，又是小红又是老师的，你到底要说什么呀！这么大了，连话也说不清楚！走开，走开，妈妈还要干活呢！"妈妈一听到他说话颠三倒四、毫无条理，就很来气，于是一盆冷水下去，浇灭了小优的表达欲望。

"妈妈，你都不听我说话！"小优失望地低下了头。

"你想清楚再说！"妈妈只顾着埋头干活，头都没抬一下。

"算了。"小优悻悻地低头望着自己的鞋子，沉默了一会儿，最后终于走开了。

　　每个孩子都会经历一个语言混乱的阶段，只不过很多孩子经历的时间很短，一般五岁前就能条理清晰地去表达自己了，但有的孩子持续的时间很长，一直到七八岁还无法条理清晰地叙述一件事。这不仅与自身的语言天赋有关，后天的培养训练也很重要。

　　父母从孩子生下来那一刻起就期盼着孩子牙牙学语。终于有一天，孩子的嘴里蹦出了"妈妈""爸爸"等字眼，就觉得万事大吉了。"终于说话了，还好不是哑巴。"然后放下心来，就等着孩子自己连成句。

　　然而，正是父母这种"孩子大了，自然就会说话"的放任思想导致孩子语言能力发育迟缓，结果就有了类似上面"小剧场"中的情形。如果父母依然不加以重视，很可能会使孩子产生性格闭塞、社交障碍等严重的心理问题。

　　这可不是危言耸听。研究发现，一般孩子长至五六岁，言语器官便已经发育成熟，能正确发出各种声音，也能发现自己和别人的发音问题。这时，他们会开始笑话那些发音不准、说话含糊的小朋友，同时也怕其他小朋友笑话自己。

　　而说话有问题的小朋友，会想尽办法回避一些自己发不准的音，但他又希望把话说清楚。这就导致他说出的话要么缺少字眼，要么语病频生，尤其在叙事时，经常表现得没头没尾、颠三倒四，毫无条理可言。结果，这反而让他被更多的人耻笑，久而久之，就更不愿意开口说话了。

语言的发展会影响孩子智力的提升，如果孩子在上学之前达不到基本的语言标准，会很难融入校园生活，知识习得也会远远落后于人。

一正老师有话说

多给孩子一点耐心，慢慢听他把话说完

说话是沟通的前提，是社交的基础。孩子说话条理不清怎么办？家长只需要坚持做到三件事。

一、多一点耐心，让孩子把话说完

家长要多一点耐心，给孩子营造一个丰富而宽容的语言环境。当孩子想要向你描述一件事时，给孩子埋头想词的时间，允许他犯一些词不达意的错误，等孩子慢慢把话说完再指出错误，帮他把整件事重新捋一遍。

孩子不开口说话，家长也应该有意地去引导孩子讲一讲身

边发生的事，或者复述一下与老师、同学的对话。这样不但拉近了亲子关系，也锻炼了孩子的表达能力。

二、和孩子一起思考，培养逻辑思维能力

阅读是为了让孩子学会思考，但一个人阅读，往往会出现机械朗读，没办法融入故事中，那又何谈思考呢？家长不妨参与进来，与孩子一起阅读，边读边代入情境，问他一些问题，如："为什么会这样呢？究竟哪里出问题了？接下来会发生什么呢？"启发孩子去思考和表达。每天坚持，孩子很快就能形成良好的逻辑表达能力了。

三、坚持让孩子每天复述故事

孩子到七八岁时，已经能清楚地认识自己的兴趣爱好、生活经历，甚至是情感世界了。这时，家长可以引导孩子每天坚持复述一些小故事，可以是发生在他身边的事，也可以是书中的故事。一开始一定很难，家长可按照"人物""背景""开头""中间""结尾"等顺序给孩子提示，坚持一段时间后，孩子的语言表达能力将会大有进步。

6. 十喊九不应，
不发火永远听不见

亲子小剧场

"毛毛，吃饭了！"妈妈手忙脚乱地在厨房进进出出，还不忘吆喝儿子出来吃饭。

"吃饭了，毛毛！"当妈妈一切收拾妥当，坐在饭桌前时，依然不见毛毛从房间出来。

"毛毛，快出来吃饭！"妈妈已经拿起了筷子，但仍得不到毛毛的回应，听不到任何动静。

"毛毛！"妈妈努力克制着自己的情绪，望着毛毛的房间，期待能得到孩子的一声回应，然而并没有。

"毛毛！"妈妈心中的怒火一下子升上来，用最大的嗓门喊着毛毛，左邻右舍都能听到了，但就是得不到毛毛的回应。

妈妈"噌"地从座位上站起来，大步踱向毛毛的房间，只见毛毛正聚精会神地摆弄着手中的飞机模型，妈妈的连连呼唤和推门进来的声音都不曾触动他的神经。

"你耳朵有问题吗？"妈妈气得一把夺过毛毛手中的飞机模型，狠狠摔在了地上。

"妈妈，你干什么呀？"毛毛气得直跺脚。

"我叫你吃饭，喊了八百遍，你听不见吗？"妈妈直截了当地问。

"听见了，我听见了！"毛毛应着声，突然冲出去，把碗里的饭菜一股脑倒进了垃圾桶，"这下你满意了？"

这下妈妈更生气了。

一分钟解析

不少家长都有类似的经历，明明孩子近在咫尺，但他就是对你的呼唤充耳不闻。家长表示困惑，孩子究竟是反应迟钝，还是故意在跟自己作对呢？在学校会不会也这样呢？会不会影响正常的人际交往呢？

孩子出现"十喊九不应"的情况，其实是有深刻原因的。家长如果不究其因，而一味地责骂，只会把问题激化，就像"小剧场"中的妈妈一样，摔坏了孩子的飞机模型，孩子一气之下倒了饭菜。这不利于亲子之间的沟通，更不利于培养孩子的社交好习惯。

其实，孩子久不应声，往往不是刻意为之，而是沉浸在自己的世界中，听不到外界的呼唤。为什么呢？因为孩子的注意力还不完善。

我们常说的注意力，除了专注力，还包括注意力的广度、分配和转移能力，即孩子专注于某一特定事件时，能否注意到与

该事件同一纬度的其他事情，能否很好地分配自己的注意力，能否将注意力从一件事转移到另一件事情上。

孩子在七八岁前，由于大脑发育不完善，注意力的这几方面表现较差，这造成了孩子们在专注看电视时，往往听不到别人的呼唤，即便听到了呼唤也很难把注意力转移到别的地方。也就是说，孩子不是不想应答，而是大脑还没发育到那个水平。当然，家长也不能对此置若罔闻，如果家长不加以干涉，孩子很可能会习以成性，养成对外界的呼唤不应声的习惯。

随着孩子的成长，出现叛逆期时，在强烈的自我意愿的支配下，孩子会开始质疑大人的权威，不想再事事顺从，这时"十喊九不应"就成了一种反抗形式，大人态度越强硬，他们的反抗欲就会越强烈。

与孩子面对面，不如和他肩并肩

孩子十喊九不应，父母过于生气只会影响亲子关系，不如换一种打开方式。

一、隔空呼叫，不如面对面沟通

家长不妨回忆一下，我们是不是常常一边做事，一边对孩子隔空喊话，家长看不到孩子在干什么，孩子也看不到家长在忙什么。看不到，双方就觉得对方的事情没有那么紧要，就不会放在心上。所以，家长不妨走到孩子跟前，与他面对面沟通，这样既尊重了孩子，又成功转移了他的注意力。

二、面对面沟通，不如肩并肩同行

家长和孩子之间，就算面对面沟通，家长也难免居高临下摆姿态，这样孩子很容易产生逆反心理，不情愿被命令。家长的语气再强硬一些，就会碰了孩子的逆鳞，使其奋起反抗。所以与其面对面沟通，不如坐到他身旁，参与到他的世界中，再说出你的要求，或拉起孩子的手，一起去做。

三、让孩子承担久呼不应的后果

家长如果做了多种尝试，孩子依然我行我素，对你不理不睬，那么在事情没那么紧要的情况下，家长可以试着让孩子自己承担久呼不应的后果。比如，家长喊吃饭，孩子长久不应声，那么就让他承担饿肚子的后果。孩子为了避免糟糕的后果就会主动提高注意力了。

第二章　融入集体

让孩子无压力合群

7. 上学就像进屠宰场，他在怕什么？

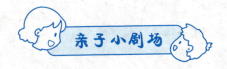
亲子小剧场

牛牛刚上一年级。开学第一天，妈妈手牵手把牛牛送进了学校教室，分手告别时，并没有什么异样。然而，到了第二天……

"牛牛，该起床了，我们要上学啦！"妈妈一大早就提供了温柔的叫醒服务。

"我还没睡醒呢？"牛牛突然一反常态，翻了个身继续睡觉。

"平时你早就醒了啊，现在你已经是学生了，难道还要睡懒觉吗？"妈妈一边催促着一边就要给牛牛穿衣服。

"我不要穿衣服，我不想上学！"谁知牛牛一把夺过妈妈手中的衣服，扔到了地上。

"你怎么回事！起床气是吗？快点，都要迟到了！"妈妈焦急地拿起衣服就往孩子身上套。

"我不想上学……我不想上学……"牛牛一边挣扎着一边大哭了起来。

"为什么呀？学校有人欺负你吗？"妈妈问。

"我就是不想上学……就是不想上……"牛牛一边摇着头，一边哭着喊道。

"不想上也得上！"妈妈气急败坏地吼了出来。

从此，家里几乎每天都要上演一场上学拉锯战。

一分钟解析

很多孩子都有厌学问题，刚刚入学的新生最为常见。有的是因为不适应集体生活，从入学第一天起就产生了抗拒心理，但随着认识的朋友越来越多，会慢慢好转；有的是刚开始表现良好，突然有一天就对上学产生了抗拒心理，而后越来越严重。

一旦孩子恐惧上学，家里每天早晨势必会来一场人仰马翻的战争。孩子哭闹不止，父母身心俱疲，但又搞不明白这是为什么。

对这些新入学的孩子来说，排斥上学、恐惧上学，很大程度是因为对新环境产生了陌生感和不安感。现在的孩子大多是独生子女，习惯了父母把所有的关注放在自己一个人身上。而到了学校，一个班里那么多同龄的小朋友，老师却只有一个，很难关注他一个人，这让他感到不安。

孩子也想和同龄人一起玩，但一下子这么多人，性格内向的他一时半会儿不知道该和谁打招呼、交朋友。当他发现所有孩子似乎都找到了新朋友，只有他还是孤零零一个人时，就对集体生活失去了信心，产生了自卑、厌学的想法。

至于那些刚开始适应良好，突然开始厌学的孩子，往往对集体生活有着过高的期望值，但在学校里经历了一些事，如被人欺负了，或目睹有人被欺负了，老师发脾气了等，让他突然对这个陌生的环境失去了信心。

不管怎样，当孩子开始恐惧上学时，家长应该明白一点，那就是孩子在学校出了一些状况，或者说他的第一次集体社交生活失败了，绝不是懒惰、起床气，或贪玩等原因能解释的。所以，家长无论是恐吓还是条件交换，都无法真正解决孩子的厌学问题，只会让事情越来越糟。

为孩子创造一个轻松愉快的社交机会

每天送孩子上学就像送他进屠宰场，怎么办？父母首先要认识到，这不是简单的厌学情绪，也不应责怪孩子懒惰、贪玩，应该从人际交往的角度去看待和解决问题。

一、邀请同学到家中玩，为孩子创造一个轻松愉快的社交机会

很多孩子虽然在外不敢说话，但一回到自己家就表现得活泼主动。所以，家长不妨邀请孩子的新同学到家里玩，让孩子占据主场优势，掌握主动权，这样一来，孩子就会比在学校更放得开，也更容易交到新朋友。但要注意，这种聚会不宜太频繁，时间也不宜过长。

二、改变家庭旧有的生活方式，激发孩子对集体生活的兴趣

家庭生活不能等同于学校生活，如果孩子在学校仍旧追求家庭生活中的无拘无束，就成了规则的破坏者。对此，家长要配合学校的正常作息来重新安排家庭生活。

在孩子适应家庭生活模式的改变时，父母还可以穿插着讲一讲有关校园生活的小故事，让孩子对校园生活充满向往。

三、让孩子学着打理自己的事务，培养他的自理能力

进入小学，所有小朋友从大人围着自己转，变为眼巴巴地期待老师一个人的关注和照顾，而老师又分身乏术，这就让孩子很难适应。所以孩子在上小学后，家长在家庭生活中要逐渐减少对孩子的照顾，让他做一些力所能及的事，如整理衣物和学习用品，学着打扫卫生，培养时间观念等，使其慢慢适应无大人照应的集体生活。

8. 他也太霸道了，
根本不许其他孩子玩

眼看着孩子要入学了，妈妈带毛毛参加了一个学前体验课，就是要孩子提前体验一下集体生活。

上课的时候，毛毛还算配合，能较为专心地听老师讲话。但是，在课间活动的时候，妈妈一个不留神，就出事了。

"这是我的玩具，凭什么给你！"只见毛毛站在积木桌边，指着积木喊，生怕被其他小朋友抢了去。

"妈妈，我也想玩……"旁边有个小女孩见状直接哭了起来。

"我也想玩，他不给我们玩。"另外一个小朋友委屈地说道。

结果，一个哭，好几个都跟着哭了起来。

"毛毛啊！你看，大家都想玩这个积木，而且积木这么多块，本来就是大家一起玩的，我们不好一个人占着的！"老师弄清状况后，就找毛毛沟通。

"可是我先发现的积木，我先玩的，凭什么要给他们！"老师刚说了一句，毛毛就哭闹了起来。

"毛毛！不许哭了！妈妈怎么跟你说的，好东西要懂得分享，不能这么自私……"妈妈也忍不住上前训斥毛毛，毛毛哭得更厉害了。

最终，妈妈怕耽误大家上课，只能中途放弃课程，一脸尴尬地带毛毛回家了。

心理学家发现，孩子在三岁左右就学会了说"我"这个字，而这代表孩子的自我意识开始觉醒了，也就是在他的认识中产生了明显的以自我为中心的意识。这时，孩子具有强烈的占有欲，喜欢霸占东西，这是一种正常的心理现象，家长不必过于担忧。

正常情况下，孩子会自然发展出"物权"的概念，随之进入一个"物权敏感期"，即对东西的所有权非常敏感。这时，他们会对哪些东西本该属于"我"有一个衡量标准。一旦他人打破这个标准，如妈妈将自己正在玩的东西交给别人，或让自己与别人分享同一个玩具，就会出现应激反应，哭闹不止，甚至攻击他人。

就像上面"小剧场"里的毛毛，他认为自己最先发现了玩具，自己就有了这个玩具的所有权，其他小朋友不能看到他玩得好，就来抢占他的所有物。这时，老师和妈妈的指责，就让他产生了严重的负面情绪。

"物权敏感期"恰恰处于孩子即将建立朋友圈，或进入集体

社交环境、学习交朋友的阶段，父母往往会认为这种"自我"不利于孩子交友，选择一味地制止孩子的"占有"行为，甚至责骂孩子，给孩子贴上"自私"的标签。这显然是不正确的。

当然，这并不是说父母应当放任孩子的占有欲，让孩子一直"自私"下去。如果孩子的自我意识得不到很好的引导，孩子遇事只想到自己，久而久之，就形成了自私的人格。所以，父母一方面要理解孩子在这一时期的心理变化，另一方面应该找到好的方法去帮助孩子顺利度过这一阶段。

自我意识在作祟，让他学会分享

孩子太霸道了，不懂得分享怎么办？其实，父母不妨换个思维考虑问题。

一、理解、认同孩子的物权归属

在孩子心中，我在玩，它这时就是属于"我"的，别人不应该强占了去。你看，孩子认为不是我"霸占"了玩具，而是我的东西要被人"强占"了。这个东西对他来说不仅仅是一个玩具，而是归属问题。对此，父母要尊重孩子的所有权，让他有权支配自己的东西。

二、合理引导孩子去分享

当父母真的理解并认同了孩子的物权归属后，自然而然就不再用严厉的言辞去命令他们分享了。这时，父母可以提出建议，比如：

"你可以自行决定要不要把玩具给其他小朋友玩，但妈妈希望你学会分享。""虽然你发现了它，但是如果你愿意，是可以和大家一起玩的对吗？也许一起玩会更有意思呢？""我们和大家一起玩一下，等他们不玩了，我们还可以拿回来。"

三、毫不吝啬地赞赏孩子的分享行为

父母的赞赏永远是孩子进步的助力器。一旦发现孩子做出了分享的行为，家长千万不要吝啬自己的赞美，一定要让孩子充分认识到自己做了一个正确的决定。这样他才会主动分享、乐于分享，形成分享的习惯，变得受欢迎。

9. 在家里挺好，
去学校怎么成了
"捣蛋鬼"？

亲子小剧场

"妈妈，我去上学啦！"

"加油！壮壮！这是你第一天上学，像平常一样，做自己就好，要开心哦！"

壮壮上一年级啦！像大多数家长一样，壮壮妈妈很担心壮壮能否适应集体，但想到自己的孩子胆大、活泼、善良，那么招人喜爱，又会安下心来。结果，只过了三天，老师的反馈就接踵而至。

"壮壮妈妈，壮壮好像不知道上课是怎么回事，他连三分钟都坐不住，来回串桌、拉扯同学衣服、和同学说小话。"老师平和地说道。

"壮壮平时在家挺乖的，是不是还不适应集体生活呢？"妈妈解释着。

"我们前三天并不授课，只是教孩子学规矩，让其适应课堂。三天过去了，其他孩子都已经习惯了，壮壮仍然没有改观。"

"这个……"妈妈显得有些难为情。

"同学们对壮壮的反馈也不好，说他总是搞恶作剧，没秩序，爱插队……"

"这……"壮壮妈妈几乎无地自容。

"我一批评他，他就站起来指责我是个坏老师。说实话，我也很少碰到这么有个性的孩子……不过，这并不是说孩子有问题！他胆大、善良，有很多优秀的品质，可能就是需要我们共同想想办法……"

壮壮妈妈听完像五雷轰顶一般，她想到了大部分可能，就是没想到在家里那么乖的孩子怎么在学校成了"捣蛋鬼"。

一分钟解析

很多年轻父母都会遇到这样的问题，孩子入学一年级，但连五分钟都坐不住，老师反映学校的规矩一点也不懂，调皮捣蛋，上课串桌，而孩子在家的情况完全相反，甚至表现得十分乖巧懂事。怎么到了学校就变了样儿？为什么会出现这种情况？因为环境变了。

我们身边有很多这样的孩子和这样的妈妈。在极其自由的条件下成长起来的孩子，没有兄弟姐妹，没有太多规矩，妈妈也不威严，从不打骂。不进入学校，孩子和妈妈感觉不出什么，可一进入学校环境，问题就来了。

有的妈妈会说，孩子在家挺好的，怎么一上学就这样了，试图证明这不是自己的责任。有的妈妈在老师的质问下，不管三七二十一，就开始打骂孩子，以正家法。结果，事与愿违，本来好好的孩子，越打越不争气，终于被贴上了"坏孩子"的标签。

　　家长应该明白，孩子的个性有差别，有的孩子就是比其他孩子较慢、较晚地接受社会化规则，有的甚至到了小学阶段的末期才真正融入集体，也就是我们口中所说的"懂事晚"或"后知后觉"。对于这样的孩子，打骂根本不管用，反而容易抹杀孩子的个性，起到反作用。

一正老师有话说

讲一讲集体中必须遵守的规则

　　其实我们身边有很多"熊孩子"，他们不讲规矩，调皮捣蛋，个性张扬，敢质疑老师。父母的打骂、老师的说教仿佛一点用也没有，该怎么办？

一、尊重孩子的个性，让集体慢慢发现孩子的价值

　　孩子天然的个性是最宝贵的东西，对于那些有着独特个性的孩子，家长更应该保护，保护他们与众不同的闪光点。总有一天，不论是老师还是集体，都会发现，正是他们身上的闪光点弥

补了其他孩子的某些缺憾，为集体带来旺盛的生命力。比如，坚强的勇气、坚定的主见、爱恨分明的魄力等。

二、简化学校规则，约定几条集体中必须遵守的规则

学校制定的规则对于活泼爱动的孩子来说，可能就像天书一样，他根本听不懂，也没有耐心听。家长与其一条一条叮嘱，不如将学校的规则简化一下，简化成集体生活中的铁律。比如，在家听从爸爸妈妈的安排，在学校就要听从老师的指挥，服从老师的安排；在家里，与爸爸妈妈一起行动，到了学校，就要和同学们一起行动。遵守秩序，就像天黑了要睡觉，下雨了要打伞一样，很有必要。

三、就算集体不包容，也要鼓励孩子在集体中发光发亮

虽然家长不希望自己的孩子被孤立，但也不必强求集体去包容孩子，因为孩子并不是和同学们"有仇"，也不是老师的"天敌"。与其抹杀孩子的天性去适应集体，不如让孩子发挥特长，在集体中有所贡献。孩子一旦被认为是有价值的，就自然被集体所包容了。

10. 孩子不合群，
交不到朋友怎么办？

课上，孩子们都争抢着回答问题，和老师积极互动，而曼曼默默地坐在角落里，从来不主动举手互动，有时候还会扭头盯着窗外的景色发呆。

"曼曼。"老师直接点名曼曼回答问题。

"嗯……"曼曼像是被惊吓到了一样，一脸茫然，不知所措。

"为什么要看着窗外呢？下次要认真听老师讲课哦！"老师刚说了一句，曼曼就小声抽泣起来。

下课了，所有小朋友都一窝蜂地向外跑去，只有曼曼一人静静地留在位置上，依然茫然地看着窗外。

"曼曼，跟我们一起吧！"也有小朋友邀请她一起玩，但曼曼都会摇头拒绝。就算吃饭时，曼曼也总是一个人一桌，不与其他小朋友一起坐。

曼曼刚上一年级，妈妈对她的总结是胆小、不合群，总喜欢一个人待着。这让妈妈十分担心她会在学校受排挤，于是一再向老师申请家长公开课，想近距离观察孩子的学校生活。

然而，当妈妈看了曼曼的表现后，更揪心了，生怕孩子会越来越孤僻，交不到朋友，不能正常社交，这可怎么办呢？

一分钟解析

　　孩子初入学校，第一次尝试社会交往，家长最怕的就是孩子不合群，受排挤，交不到朋友。眼看着别的孩子都是三三两两地一起玩，只有自己的孩子形单影只，家长确实会感到揪心。

　　和同龄人一起玩耍是孩子社会行为的开端，成功的交友经验大大有利于孩子情绪的发展，使其形成共情心理，衍生出与他人合作的能力。美国一项心理研究指出，社交能力低下的人，纵然学识渊博，也很容易出现性格缺陷。所以，这个阶段很关键，必须引起重视。那么，造成孩子不合群的原因到底是什么呢？

　　孩子性格孤僻，不合群，与先天的遗传因素有关。很多孩子天生性格内向，从小就喜欢安静、独处，强迫他出去与别的孩子一起玩，反而会让他不自在。对他来说，与人交往成了一种精神负担，独处却能让他自由成长。所以，家长不要以成人的眼光去压制或改变他的天性，任其发展就好。

　　当然，也有很大一部分孩子在集体中表现得不合群，这与后天的成长环境和家教有关。比如家长过度保护，导致孩子事事依赖，离开家长就缺乏安全感，不敢与其他小朋友交往；孩子在家庭中缺少沟通，导致出门在外不知道该怎么向其他人表达自己；孩子还停留在幼年觉醒的自我意识中，缺乏集体观念。

作为父母，面对孩子不合群的问题，不能病急乱投医，而要细心观察，耐心沟通，找出孩子不合群的原因，再对症下药，帮助孩子走出困境。

一正老师有话说

最重要的是给他足够的安全感

相信家长最担心的不是孩子能不能交到朋友，而是孩子能不能健康成长。学校的教育总是针对大多数群体的，所以有一部分孩子会被认为"不合群"，但不合群绝不意味着孩子的心理不健康。

一、孩子不想交朋友，就帮他找到想做的事

天生不喜欢交朋友的孩子，往往有自己的一方天地，只是暂时还没找到。家长可以通过培养孩子的兴趣爱好，来帮助孩子发现自己想做的事，然后去经营自己的那一方天地。通过努力，同样可以变得优秀，吸引志趣相投的伙伴。在这一过程中，家长的理解和关爱很重要。

二、孩子胆小，就给孩子充足的安全感

孩子脱离家庭，会让他们失去安全感。对于这样的孩子，

父母应该给他更多的关注和关爱，创建和谐的家庭氛围，但这绝不是过度溺爱。父母可以选择戒掉限制性的语言，如"危险，不要摸""不卫生，不要碰别人的东西""夜晚有凶猛的怪兽"等。

三、敞开心扉，和孩子聊一聊

孩子不合群的原因有很多，最重要的是对症下药。父母可以创建良好的沟通氛围，跟孩子聊一聊，向他提出一些问题，如："是不是在学校里遇到了什么不好的事？你怎么看待不合群这件事？"也许一场亲密的亲子沟通就能打开孩子的心扉，解决问题。

11. 他也太爱说话了，简直就是个"小话痨"

"同学们，今天我们来讲恐龙的故事……"

"老师，你知道恐龙的后代都跑哪里去了吗？"老师这故事刚开了个头，亮亮就高举手臂，抢着问老师。

"亮亮，先听老师把故事讲完好吗？恐龙生活在……"

"老师，我知道，鸡就是恐龙的后代。"

………………

"老师，你知道是先有鸡还是先有蛋吗？"

"老师，我想讲讲……"

"唉，小优，你说我们能上火星吗？"

"婷婷，我的梦想是飞上天，像鸟一样，天上多好啊，你知道是谁发明了飞机吗？"

………………

"哎呀，亮亮妈妈，无论是课上还是课下，亮亮总有说不完的话。他平时在家话也很多吗？不过，他的知识面倒是挺广的，就是表现欲太强了，不给别人一点说话的机会……"

"对不起，我会好好教育亮亮的，他真是太烦人了！"

其实，妈妈也经常被亮亮的"话痨"缠到崩溃。亮亮的确话太多了，不听课，也不听别人说话，可是她对此一筹莫展。

一分钟解析

　　孩子总有一个阶段特别喜欢问为什么，或者嘴里一直含糊不清地说着什么。但在家长看来，孩子说的话语义不清、**逻辑不明**，没有任何倾听的价值，只搞得人很烦。于是开始担忧，**孩子话这么多**，会不会让其他人也很烦，让他交不到朋友，社交出现问题呢？当老师也反馈了同样的问题，这种担忧就会加剧：我的孩子是不是被嫌弃了？

　　其实，孩子话多是想与人交流，说明孩子思维敏捷，脑子里总是冒出新鲜的想法。这类孩子平时喜欢观察、热爱读书，常常能比同龄孩子积累更多的词汇量和知识点，老师说一句话，他就会联想到很多，然后通过提问了解一切他所感兴趣的东西，**这是高智商的表现**。

　　另外，爱说话的孩子通常在各种场合都敢于踊跃发言，他们性格乐观，不吝啬自己的"亲切感"，走到哪都能受人喜爱。在陌生场合，他们也毫不惧怕，总是那个能第一个交到朋友的人。这样的孩子，将来无论在学习还是人际交往上，都能取得很好的成就。

　　不过，因为孩子年纪还小，无法区分哪种场合可以开口讲话，哪种场合需要控制自己的表达欲。尤其当孩子真正迈入集体生活后，只自顾自地说话而不懂得倾听，难免会让人反感，影响社交。所以，家长常常因为孩子话多，就给他贴上"不懂事""烦人"的标签，这样的标签很可能会扼杀孩子的语言天赋，甚至耽误孩子成为一个社交高手。所以，家长还是需要找找方法，进行适当的引导。

真诚的倾听可以让孩子也学会倾听

在七八岁之前，孩子爱说话是语言能力强、情商高的表现，不但不会招人烦，还能交到很多的朋友，甚至成为孩子王。在真正迈入集体生活后，不顾场合的"话痨"行为就需要引起家长的重视。

一、倾听孩子，与孩子真诚对话

孩子的"话痨"往往是在向人分享自己的想法，但他们往往是想到哪说到哪，说了再想，边说边想。这时，盲目打断不如仔细听听他的想法，顺着他的思路开展对话，帮他理清思路。久而久之，不但能让孩子自动学会倾听对方，还能培养他的语感和思维条理性。

二、一起阅读，培养孩子的阅读习惯

孩子如果不能好好倾听别人说话，那就意味着很难听进父母的说教和老师的长篇大论，这时父母该怎么纠正孩子的这一行为呢？亲子阅读是一个不错的选择，父母可以同孩子一起阅读绘本或故事书，通过提问和交流的方式引导孩子思考。而这个过程，就是在锻炼孩子倾听的能力。

三、树立榜样，提高孩子的沟通技巧

家庭环境是孩子的第一生长环境，父母要想让孩子学会倾听，首先自己要做到不随便打断孩子说话，与孩子对话不敷衍，说话方式要符合孩子的年龄，最好简单明了。同时，父母要有意地教导孩子一些沟通技巧和社交规则，让他明白不同的场合有不同的说话技巧，什么时候该说，什么时候不该说，什么话可以说，什么话不可以说。

12. 孩子没有团队意识，只顾自己出风头怎么办？

学校举行一年一度的室外联欢会，小威报名参加了好几个游戏项目。然而，几场游戏下来，大家就对小威避之不及，再也不肯和他玩了。

"小力，你行不行啊？你能不能走快点！"在一个双人合作运送气球的活动中，小威一个劲地催促队友，可是他越是催促，队友的脚步越乱，结果，小威干脆把队友一个人丢在半途，自己捧着气球抵达了终点。

"太好了！我最快！你们看！"小威得意忘形地看向大家，而队友小力只得羞愧下场。

"小群，你这不行啊！简直弱爆了！哎呀，你又走错了！"在两人三脚游戏中，小威又开始嫌弃队友拖后腿，于是他不顾小群的感受，直接抱起瘦弱的小群，一个人完成了游戏。

"你们看，我又赢了，我是最大的功臣！"小威得意扬扬地欢呼着、炫耀着，小群只好默默地下了场。

小威长得比同龄孩子高大，平时又喜欢运动，所以十分享受玩游戏的过程，但和他一起玩游戏的人却受了苦。小威只顾自己表现、出风头，一点也没有群体精神、合作意识，也不考虑别人的感受。所以，几轮游戏下来，大家就拒绝和小威一起玩游戏了。

一分钟解析

孩子爱表现、爱出风头，其实并不是一件坏事，很多父母甚至会鼓励孩子勇于表现自己。因为在成年人的世界里，在激烈的竞争中，只有博得他人的关注，才能获得更多的机会。

爱表现的孩子的确具备把握机会的能力，他们有胆识、有想法，更有自信，因此十分乐于展示自己的才能。这样的孩子往往在人群中十分受人瞩目，能让人更快地发现他们的优点。

然而，在一个集体中，他们也更加虚荣，容易争强好胜，在积极表现、博人眼球的同时，往往忽略了他人的感受，从而影响了人际关系的和谐。

最重要的是，这世上没有一件事是可以完全脱离"合作"二字的，这也是为什么所有的教育与游戏都是从培养孩子的合作意识开始的。

无论是上面"小剧场"中的"两人三脚""合作运送气球"，还是家喻户晓的"丢手绢""老鹰抓小鸡"等游戏，都是倾向于教孩子们学会如何在集体中确定自己的角色，如何与他人配合，以及如何建立团队规则的。

孩子缺乏团队精神，很大的原因在于家庭的影响和学校的教育。独生子女很容易缺乏团队意识，他们往往认为自己表现好坏，对别人并没有什么影响，因为大家都是独立的个体，不需要互相支持。

学校教育如果只强调孩子的个人成绩，而忽视集体荣誉感，也容易使孩子只关注自己，忽视与其他同学的交流。

然而，缺乏团队精神和合作意识的孩子，很容易缺失同理心，难以融入集体，人际关系差，甚至发展成"自恋型人格障碍"，为今后的学习、工作和生活埋下隐患。

让孩子学着在合作中展现价值

孩子爱表现、爱出风头不是错，父母不必过度压制，要让孩子学会控制，把握好一个"度"，而这把关键的钥匙却是握在家长手中。

一、父母要以身作则，树立群体意识

社会的教养模式在发生翻天覆地的变化，邻里之间的隔阂感大了，孩子们之间的交流少了，很多年轻父母丢给孩子一个手

机，就轻松转移了孩子的注意力。对此父母要树立群体意识，如以家庭为单位私下聚会，一起游玩，一起唱歌，一起去博物馆。只有父母以身作则，才能把群体意识感染给孩子。

二、从生活起居改变对孩子的关心方式

在生活起居上，家长应调整对待孩子的方式，不再以孩子为中心，拒绝溺爱，凡事让孩子亲力亲为或以家庭为单位协作完成。在协作过程中，让孩子尽量展现自己的价值。同时，通过角色互换或讲故事的方式，让孩子了解只想着自己出风头的行为是如何扰乱正常秩序，让别人反感的。

三、摆正态度，客观对待孩子的优缺点

都说好孩子是夸出来的，但夸孩子也要适度。孩子确实做出了符合道德规范的行为，当然要表扬、夸奖，但一定要适可而止；当孩子做出违背道德规范的行为时，也要及时批评、纠正，然后想办法帮助他走出困境。这样，孩子才能在集体生活中对自身有一个客观的认知，不盲目自信，也不妄自菲薄。

第三章 甄别友谊

以孩子的标准衡量孩子的社交

13. 总喜欢和"坏"孩子玩怎么办？

亲子小剧场

“果果，你这穿的什么衣服，裙子也太短了，上衣怎么穿个长袖，还露着腰……赶紧给我换了！”搬家后，妈妈感到果果的穿衣打扮越来越奇怪了。

“妈妈，你懂什么，这叫‘潮’……是隔壁小姐姐教我的，你看附近的女孩子们都这么穿！”面对妈妈的质疑，果果嗤之以鼻。

“你怎么这么不听话，你以前可不是这样的！”妈妈凑近一步，突然发现果果的手上居然贴了甲片，“你这手……”

“这也是隔壁小姐姐帮我做的，妈妈，你不觉得很好看吗？”果果把手伸到妈妈面前，炫耀着闪亮的美甲。

“什么隔壁小姐姐，那个女孩根本不是个好孩子，你以后少跟她一起玩！还有，把手上的甲片都给我卸掉！”妈妈说着就要拉果果回屋。

“你前段时间还说人家爸爸妈妈不在身边，一个人来这里求学，夸人家独立坚强，要我多跟人家交往，怎么今天就成了‘坏孩子’！你也太反复无常了！”果果不高兴地噘起了小嘴。

“让你干什么就干什么！成天和‘坏’孩子厮混在一起，除了学一堆坏毛病，什么也得不到！”妈妈硬生生把果果拉回了家。

"没有必要连我交什么朋友都干涉吧！我看你才是坏妈妈！"果果甩开妈妈的手，跑开了。

一分钟解析

"孟母三迁"的故事告诉我们，环境对孩子成长的影响有多大。今天的爸爸妈妈为了孩子能有健康的交友环境，也是煞费苦心。然而，无论你如何费尽心机地帮孩子挑选学校、班级和朋友，孩子依然会通过各种途径结识一些你眼中的"坏"孩子，如邻居、同学、校友，还有一起玩游戏的网友。

家长真是防不胜防，怎么办？只好干涉孩子的人身自由，禁止他跟"坏"孩子一起玩。然而，家长干涉得越厉害，孩子的反抗越强烈，反而把孩子推向了"坏"孩子那一边，甚至让他萌生一起变"坏"的想法。

其实，孩子只要有交友的意愿，至少能说明他的心理是健康的，是期望通过与人合作来构建与外部世界的联系的。在这个基础上，父母自然是希望孩子多跟好孩子相处，希望他能受到好的影响，如学着懂规矩、知书达理，努力学习，乐于助人等。说到底，父母的目的并不是干涉孩子的交友自由，是怕孩子受到不良影响而变"坏"。

然而，就像上面所说的，父母防得了一时，却防不了一世，不如追根究底，去了解一下，孩子为什么愿意跟这些所谓的"坏"孩子在一起。他们是想要变"坏"，还是那些"坏"孩子在他们看来有着家长看不到的闪光点呢？就像"小剧场"中，邻居女孩只因教会了果果贴美甲、穿奇装异服就被妈妈定义成了"坏"孩子，却忘了不久前，妈妈还夸奖过这个女孩离家在外求学的勇气和独立性。

 一正老师有话说

不替孩子选择朋友，但要监督

当家长发现自己孩子与"坏"孩子为伍时，效仿孟母一次次搬家或来几场亲子大战，都不是解决问题的好办法，家长不如换个思路。

一、改变观念，"坏"孩子也有闪光点

与其给孩子大肆宣讲"近朱者赤，近墨者黑"的道理，不如问问孩子为什么愿意跟"坏"孩子一起玩。在你的好奇追问下，孩子往往很乐意告诉你一些你不知道的事情。当你蹲下来与

孩子做朋友时，你就成了孩子最好的朋友。

二、改干涉为监督，不以成年人的标准衡量孩子的社交

家长在社交时考虑更多的是功利性，于是习惯从成绩、家庭背景、老师的评价等方面去判断这个孩子是好是坏，却忘了这是孩子之间的社交，最应该尊重孩子的意愿。也许，孩子只是因为能聊到一起就把他当成了最好的朋友，至于会不会"近墨者黑"，还是个未知数。所以，家长不如改变策略，改干涉为监督，只要孩子没有出现原则性问题，就在一旁默默监督。

三、向孩子提出明确要求，引导孩子分辨是非

在孩子与人社交时，家长不要着急给孩子的朋友贴上"坏孩子"的标签，而是可以和孩子探讨下其是如何看待或评价这位朋友的。有时候，家长总是认为孩子还小，容易被骗，但他们早已具备了明辨是非的能力，家长只需要适时引导即可。同时，可以向孩子提出明确的要求，如"不穿奇装异服""不经父母的同意不得外出"等，让孩子知道你的底线在哪。

14. 孩子被最好的
朋友欺骗了

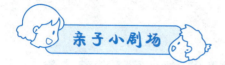

"丹丹，不好意思，我拜托妈妈抢票了，但是一张也没有抢到，真是不好意思。"丹丹和小麦因喜欢棒球而成为好朋友，这次，她们最喜欢的棒球队要在市体育场进行友谊赛了，小麦就拜托在市体育场工作的妈妈抢两张入场券。

"没关系，下次有机会再一起去！"丹丹虽然感到遗憾，但很快就接受了这个事实。

第二天，丹丹妈妈突然带回来两张棒球比赛的入场券，丹丹高兴坏了，立刻把这个好消息告诉了小麦，并约她一起观赛。可谁知，小麦竟支支吾吾地拒绝了。

"不好意思啊，丹丹，我恐怕不能和你一起去观赛了，妈妈给我报了补习班……"

"那也是没办法的事，我和其他人一起去就好了。只是太遗憾了，我知道你有多喜欢看……"丹丹知道小麦有多喜欢棒球比赛，真心为她感到难过。

比赛那天，丹丹和妈妈一起去观赛。然而，进场以后，丹丹就发现前方坐着一个熟悉的身影。

"小麦！"丹丹站起来拍了拍那人的肩膀，问道："不是说不能来了吗？还有，你怎么进来的？你怎么会有票呢？"

"丹丹……这个……"小麦顿时羞红了脸，"我妈妈只弄来了一张票，所以……"

丹丹顿时觉得五雷轰顶，转而对妈妈小声说："我再也不要跟小麦做好朋友了，我再也不相信友谊了。"

一分钟解析

人与人交往并不是一件容易的事，就像月有阴晴圆缺，友谊也并不总是令人满意和令人高兴的。友谊中既包含着忠诚和友善，也包含着欺骗和背叛，这是成年人都明白的道理。所以在成年人的社交世界里，只要朋友的欺骗和背叛无伤大雅或者未失原则，都会选择"看破不说破"。这是成年人才懂得的交友之道，也是成年人对待朋友的方式。

但孩子并不知道，也并不理解。在他们看来，欺骗和背叛站在友谊的对立面，一旦出现，就意味着友谊破裂了，并为此大伤感情，不敢再轻易相信人、相信友谊了。一朝被蛇咬，十年怕井绳。认知心理学中将这种心理归纳为"过度泛化"，即把一个小概率事件泛化成一个大概率甚至是绝对事件。这当然是不可取的。

拿上面"小剧场"中的事件来说，其实就是一个无伤大雅

的小概率事件，如果因为这件事而拒绝一段友情，显然太过草率了。这就像时时拿着显微镜侦察友情，别说友情了，亲情、爱情，人生中的任何关系，都经不起这样细致的观察。这种观察下的"伤害"，都是以自我为中心的极其自我的感受，带着这种标准去衡量的友谊，显然也是经不起推敲的。

也就是说，任何人际关系都存在一定程度的背叛或伤害，如果孩子认识不到这一点，一定要事事追究，必然陷入"水至清则无鱼"的社交困境。

父母永远是他最好的朋友

我们常说"友谊的小船说翻就翻"，其实只要不兴风作浪，船也就没有那么容易翻。孩子被好朋友欺骗了，心里一定会难以接受，家长此时最应该做的是守护好孩子稚嫩的心灵。

一、陪在孩子身边，让他明白父母是他永远的朋友

父母可以教孩子走路、说话，也可以教他怎么做朋友。最简单的方法就是陪在孩子身边，做他永远的朋友。父母只有放下身份，先做了孩子的朋友，他有了心事、遇到了难题才愿意与你

分享。

二、角色互换，让孩子学会理解和包容

简单说，就是要孩子想想朋友为什么要欺骗，欺骗的背后有没有恶意，绝交的做法是否太苛刻。如果和朋友进行了角色互换，自己是不是也会做出同样的选择呢？到时，朋友会怎样对待自己呢？角色互换的过程，也是培养共情能力的过程。

三、让孩子反省自己有没有做错的地方

当孩子学会了理解和包容，就很容易进行自我反省了。友谊不是一个人的事，不能以自我感受为标准去评判谁对谁错。父母要引导孩子想一想是不是自己的言行有所疏忽，才导致朋友做出极端的选择呢？

15. 孩子们为什么
要给交友限定条件?

"妈妈，能帮我买一款电话手表吗？"

"买电话手表做什么呢？"妈妈有点疑惑，因为果果很少要求她买东西。

"同学们都有……"果果支支吾吾地说，"而且，有了电话手表，妈妈能随时知道我的位置，我也能给妈妈打电话。"

妈妈心想也有道理，便没有多说什么，第二天就给果果买回来一款。果果高高兴兴戴去了学校，但是果果只戴了一天就要求妈妈换掉那款手表。

"怎么了？是坏了吗？还是不好用？"妈妈拿起手表看了看，并没有看出异样。

"不是的……"果果有点难为情，"戴这款手表，我是交不到朋友的，必须是那个牌子的才行！"

"什么？为什么啊？"妈妈问道。

"只有戴上那个牌子的电话手表，我才能成为'侦探团'的成员。如果不是那个牌子，她们说就不和我交朋友。"

妈妈听了一脸诧异。

　　孩子们限定条件的交友常常让家长们大跌眼镜，这么小的孩子怎么就这么势利？这都是跟谁学的？

　　其实，限定条件并不奇怪，成年人的社交大多是按照圈子来划分的，如读书人有读书人的圈子，足球爱好者有足球爱好者的圈子。只不过，成年人的社交圈子并不等同于友谊。

　　在孩子的成长过程中，友谊占据着相当重要的地位。在离开父母的怀抱，第一次真正融入集体生活时，孤独感会让孩子自然而然地重视朋友，同时人际交往的困惑随之而来。朋友是什么？我能不能交到朋友？大家都不喜欢我怎么办？这些焦虑会让孩子们恐慌，甚至自我否定。

　　无论是被人否定还是自我否定，都是一件可怕的事。孩子还没有形成正确的价值观和交友观，往往会因为惧怕被否定而迷失自己，如很容易像上面"小剧场"中把友谊限定在一个具有固定条件的圈子里。在这个圈子里，只要限定条件存在，圈子就会存在；只要限定条件消失，圈子也就散了。这种被条件限定起来的关系看似牢固，实则经不起推敲，因为它根本不具备友谊中应当存在的忠诚、友爱、互相帮助等情感因素。

　　家长看来显而易见的道理，孩子却认识不到，于是家长往往会把孩子的这种行为归结为没主见、虚荣心作祟等，只一味批评和拒绝孩子的请求，忽视了孩子渴求友谊的愿望。

条件换不来真正的友谊

孩子没有错，只是走进了不适合自己的圈子。条件永远换不来真正的友谊，家长应该看到问题的核心，这样做：

一、正面引导，帮孩子找到适合他自己的社交圈

每个人都能找到适合自己的朋友圈，或者因学习成绩相当而志趣相投，或者因为喜欢同类型的音乐而找到共同话题，或者因为家庭背景相似而走到一起……总之，家长要让孩子了解社交的多样性，这样孩子才懂得拒绝那些不适合自己的圈子，找到真正的朋友。

二、开阔视野，培养孩子多样的兴趣

视野往往影响着孩子的人生观、价值观，以及他对这个世界的态度。家长应该带孩子去看更广阔的世界，学习更多样的知识，培养更多的兴趣爱好，这些都会让孩子变得更加自信，更加有人格魅力。当孩子的世界变得更广阔时，也就建立起更大的社

交圈子，而不是仅仅限定于学校的某个圈子内。

三、保持客观，帮助孩子树立正确的交友观

家长应该始终客观且正面地评价自己的孩子，让孩子既能认识到自己的优点，也能认识到自己的缺点。这样他才能在正常的人际交往中，保持客观和清醒的态度，不因条件而轻易做选择，也不因条件成为被选择的那一个。

16. 她怎么成了别人的 "跟屁虫"？

这孩子怎么成了 "跟屁虫"？

亲子小剧场

　　突然下了一场大雪，道路湿滑，学校提前放学。妈妈下班后急忙来到学校接思思，但由于没有提前跟思思说好，所以母女二人错过了。

　　在返家的路上，妈妈绕道去了菜市场，没想到竟然在路上碰到了思思。她正蹦蹦跳跳地跟同学结伴而行，可是她怎么会走这条路呢？这要比平时回家的路远上几千米。

　　妈妈快步追上思思，发现思思背上背着自己的书包，一只手拎着别人的书包，另一只手挽着旁边的同学。难道同学身体不舒服？

　　"思思！"妈妈忍不住喊了一声，当思思回头发现妈妈时，同学立刻从思思手中接过书包，扭头就跑开了，并不像有病的样子。

　　"那是你的同学啊？她身体不舒服吗？"回家的路上，妈妈试探性地问思思。

　　"不是……"思思显得有些尴尬，"她说累了，我就帮她提一提。"

　　"那你为什么要绕远？就为了帮她提书包？"妈妈继续问。

　　"不是！其实，也算是吧！我想和她一起回家，一个人回家太没意思了！"思思想了想说。

"你是不是傻，你给人家当跟屁虫，被人家利用了！"当妈妈意识到自己女儿是在卑微地讨好同学时，突然生出一股无名火，冲思思嚷道。

"才不是呢！"思思生气地甩开妈妈的手，走掉了。

一分钟解析

亲眼看着自己捧在手心里养大的孩子在别人面前百般讨好，相信每个妈妈心里都不是个滋味，于是就出现了小剧场里妈妈失控地羞辱孩子的场面。

好端端的孩子为什么会跟在别人屁股后面呢？

问题的根源在哪儿呢？在于孩子有了强烈的社交需求。正常来说，自孩子三岁起，随着自我意识的觉醒，社交需求也会接踵而至。当孩子告别与父母一对一的亲子生活，真正融入集体生活后，社交需求会变得尤其强烈。然而，孩子不知道怎么交朋友，眼看着别人三两成群，自己孤单一个人就会很慌张，就容易出现跟随别人、讨好别人的行为，就变成了"跟屁虫"，徘徊在朋友身边。

孩子在社交生活中出现"跟屁虫"的行为可以理解，但不

可以忽视，因为这里隐藏着更为深刻的东西。"跟屁虫"往往认知水平低，判断能力差，在面对一般事务时无法做决断，所以他喜欢跟在认知水平较高，能轻易做出决策的同龄人身边。

"跟屁虫"胆子小，没有安全感，害怕被否定、被拒绝，怕别人不和自己做朋友，于是自愿降低姿态，成为别人的追随者。

如果孩子在刚步入集体生活时出现一两次这种现象，那只是孩子在面对新环境时做出的正常调整，但如果一直当别人的"跟屁虫"，就会形成讨好型人格或低自尊人格。

这样的人缺乏自我认同感，缺乏自信，哪怕选择跟随别人也不愿意检验自己的判断，不敢承认自我价值，更不要说努力实现自我价值了。在今后的人际交往中，他们也难以形成正确的交友观，在交友中很容易相信他人、依赖他人，心甘情愿单方面付出，受人利用，不懂得争取自己的权益。

家长在发现孩子的问题后，应该想办法引导，而不是像"小剧场"中的妈妈那样，一针见血地揭穿孩子、批评羞辱，这只会让孩子的自尊心受挫。

批评羞辱，不如引导孩子结交更多的朋友

孩子成了别人的"跟屁虫"，家长不必干着急，可以通过三个途径来解决问题。

一、切忌溺爱，给孩子独立长大的机会

一个溺爱下长大的"小皇帝"或"小公主"，一旦离开爸爸妈妈的庇佑，就变成了弱不禁风的温室花朵儿，忍不住想要寻求依靠。家长应该有意给孩子提供一个独立长大的机会，凡事多让他自己处理，自己决定，自己承担后果。

二、提高孩子的认知水平，树立自信心

家长切忌为孩子包办一切，而应该尊重他的意愿，鼓励孩子多表达自己的想法。人是有思想的动物，为什么不让孩子自己动脑子去思考呢？"当你累了时，她也会为你提书包吗？""她也愿意为你付出吗？"妈妈完全可以引导孩子自己去多角度思考这个问题。

三、变换立场，站在孩子的角度考虑问题

"有一种冷，叫妈妈觉得你冷。"这句话之所以能引起全网的共鸣，是因为它道出了一代人的心声。在孩子成长的道路上，

大多都只是遵循着"听妈妈的话"，然而妈妈真的懂孩子吗？孩子为什么要做别人的小跟班？家长应该站在孩子的立场好好思考一下这个问题。让孩子变得这么孤单的往往是家长自己。

17. 我家孩子成了 "三缺一"， 这真的好吗？

他们真的是你朋友吗？

"妈妈，我要出门一趟，不能陪您逛超市了。"本来约好周六一起去采购的小威，突然变了卦。

"这么着急去干什么呀，儿子？"妈妈发现最近儿子总是被临时叫出去。

"我朋友叫我踢足球，说少个守门员。"

"那我们周日一起去吧，还要给你买冬装呢！"

"好啊！"小威随口应了一句，便急匆匆离开了家。

第二天，母子二人马上就要出发了，没想到小威又变卦了。

"妈妈，朋友做游戏，少一个队友，叫我临时补位呢！"小威说道。

"可是你跟妈妈是事先约好的呀！你是不是不想陪妈妈去？"妈妈疑惑地问道。

"当然不是，但是朋友有需要，我得顶上啊！"小威一本正经地回答。

"他们真的是你的好朋友吗？"

"当然啦，他们一缺人手就会想起我，找我帮忙！"小威憨憨地笑着。

"你有没有想过，这是为什么呢？"

"因为我人缘好呗！乐于助人呗！"小威不好意思地摸了摸头。

"需要你才叫你，那不需要你了呢？也会叫你一起玩吗？"妈妈反问道。

"这个……"小威若有所思，他还真没考虑过这个问题。

什么是真正的朋友？将这个问题抛出去，可能会得到一千种答案。每个人都会有一个衡量标准，但有一点一定是相通的，即友谊是相互的，是有来有往的一种交往状态。

像上面"小剧场"中小威遇到的被动"补位"的情况，没有人会把它当成真正的友谊。在正常的人际交往中，朋友可以在有需求时向你求助，也可以喊你"补位"，这时我们应该尽心尽力地帮忙。不过，如果这些朋友在人手够时从来不会想到你，或者只让你帮他，从来不想着帮助你，那么这种关系就成了单方面的索取，而不是相互帮助了。

可是，为什么我们的孩子会误把这种关系当成友谊，甚至享受这种被人需要、单方面付出的感觉呢？对此，家长需要好好反思一下。

　　家长在与孩子谈论交友时，时常会拿"真诚待人""乐于助人"的高贵品行来要求孩子，这没有错，但如果只强调这一点，孩子就会把单方面付出、一味帮助当成友谊，误以为自己被需要就是人缘好，就是朋友多。时间长了，难免有人利用这一点来满足自己的需求，这就出现了"小剧场"中小威憨憨地被人一次次叫出去，进行"三缺一"补位的情况。

纠正孩子对友谊的错误定位

　　向孩子解释什么是朋友、什么是社交也许并不容易，但家长有时必须挑起大梁，让孩子迈出探索世界的第一步。

一、让孩子试着拒绝一次，看对方的反应

　　俗话说，真金不怕火炼，友谊也需要一点点考验。面对这种情况，可以让孩子试着拒绝一次，看对方有什么反应。如果对方大发雷霆，不允许孩子拒绝，或者从此以后再也不跟孩子来往，那么这段关系就是不平等的，可以果断放弃了。如果对方接受了孩子的拒绝，表示这段关系还有救。

二、制造困难，引导孩子向朋友求助

孩子根本的问题是认识不到在这段关系中自己所处的被动处境。对此，家长不妨制造些困难，让孩子向他常常施予援手的朋友求助。孩子如果能得到令人满意的回应，那么就鼓励他交往下去；如果对方表示拒绝，家长可以因势利导，指出问题。

三、继续还是离开，把决定权交给孩子

当孩子能够认清对方的真面目，以及自己在这段关系中的形势时，就可以做出正确的判断了。记住，家长永远不要替孩子做决定，而要把决定权交给孩子，无论孩子做出哪种选择，都要给孩子指出应对的办法，以及可能承担的后果。

18. 孩子拉帮结派，该怎么管？

"果果，你有没有看到房间里的小礼品？"妈妈说着推门而入，立马被眼前的场景震惊了。果果的房间里密密麻麻坐满了人，都是她的同学。妈妈立刻向果果使了一个眼色，把她叫了出来。

"这是怎么回事？你把全班同学都请来啦！"

"要是能请来全班同学就好了，这也就三分之一！"果果耸耸肩遗憾地说。

"也就三分之一！"这已经震撼到妈妈了，可果果居然还嫌不够，"你们在干什么？是有什么活动吗？"

"啊……对，是学校里的活动！"果果慌忙转移话题，"妈妈，你刚才找我什么事？"

"对了，我在你房间里放了一些小礼品，怎么不见了，虽然不值什么钱，但那是要送给客户的纪念品。"

"啊！那些小公仔！妈妈，我看那些小公仔挺可爱的，就送给同学们了！"

"都送了？"妈妈再次被震惊到了。

果果点点头。

送都送了，妈妈也不好再说什么，但心里已经产生了不好

的预感。

果然，第二天，果果妈妈就接到了老师的电话，说果果和班里另一个同学闹了点小矛盾，就在班里拉帮结派，还"贿赂"一些同学，让他们一起针对那个同学。

果然出事了。一个四年级的孩子竟然学会拉帮结派了，怎么管教才好呢？妈妈觉得束手无策。

一分钟解析

当学校的集体生活占据了孩子大部分的生活空间时，交友就成了孩子们最看重的东西。把朋友看得越重，孩子们对争吵、矛盾、背叛的容忍度就越低，"敌人"这个朋友的对立面自然而然就出现了。孩子们的情感就是这么激烈。

这种对立情绪也因个体的差异有别。内向的孩子往往更加理智、谨慎、情绪稳定，不善交际，也很难出现敌视同伴的行为。而性格外向的孩子常常会成为集体中特别耀眼的存在，但这类孩子容易冲动、情绪化，且更具功利性。

当这类孩子与人发生冲突，或在集体中的地位受到威胁时，就会采取一些情绪化的手段，如拉帮结派去排斥对方、制造敌对情绪。为了拉帮结派，共同欺负某个人，甚至会施予小恩小惠、收买人心，因为这个过程会让孩子重新享受众星捧月般的待遇。

这让很多家长感到头痛，管教孩子的学习还好说，怎么管教孩子交友呢？管多了成了干涉孩子的社交自由，万一再给孩子留下心理阴影，就会影响以后的人际交往；不管吧，小小年纪就学会了拉帮结派、收买人心，长大了该怎么办？

其实，孩子与大人的世界是不同的，很多家长习惯以成年人的标准去衡量孩子的世界，特别容易给孩子贴标签。其实，家长大可不必上纲上线，把问题复杂化，可以学着放手，让孩子自己去解决问题，而家长只需看顾好孩子的内心世界和道德底线。

一正老师有话说

引导孩子去看后果，帮孩子树立正确的交友观

孩子学会拉帮结派，家长不必太慌张，这至少能证明孩子具有较强的社交能力。对此，家长要正确引导孩子。

一、理解孩子的想法

如果孩子的拉帮结派只是自然形成的关系圈子，那么家长没必要干预。但如果孩子因为某些矛盾，带有功利性目的地拉帮结派，家长就要多问一个"为什么"，试着和孩子沟通，搞清事

情缘由，理解孩子的想法，不要一味指责他的行为。

二、引导孩子换位思考

家长都知道换位思考在人际关系中的重要性，因而可以设计情境让孩子体验一下被排斥的一方是怎样的心情和感受。"如果别人这样对待你，你会感觉怎么样？"当孩子顺着你的思路表现出对他人的理解和尊重时，家长应当及时鼓励和称赞。

三、与孩子讨论问题

当孩子理解对方后，就能从情境中走出来，保持一个客观、中立的态度。这时，家长可以引导孩子从第三视角来分析、讨论这件事，可以通过社会现象、影视作品中的情节等来引导孩子看到他们忽略的方面，再通过讲故事、做游戏的方式，帮助孩子认识事情的是非，有可能带来的后果，以及遵守规则的重要性。

第四章 矛盾分歧

高情商化解孩子的社交危机

19. 她怎么又和朋友闹矛盾了？

都怪你，没人肯和我交朋友了！

"念念，今天过得怎么样？开心吗？"放学后，妈妈也就是随口一问，没想到女儿竟然号啕大哭起来。

"妈妈，我再也不跟小陶玩了，他太坏了，经常拽我的头发，上课也拽，我就跟他大吵了一架，结果老师惩罚了我们，都怨他！"

妈妈一听，这可不行，同学之间闹矛盾是小事，可不能耽误学习啊，于是第二天妈妈就找到老师，要求给念念调换个位置，最好挨着学习好、安静的女同学，老师同意了。

一开始，念念很开心，说自己终于交到了好朋友，可没过多久，念念又噘起了小嘴。

"妈妈，小麦越来越过分了，她总是让我帮她干这个、干那个，我帮了她，她不但不感激我，还说我笨。跟她做朋友太累了，我今天跟她说了，要跟她断绝关系。"念念愤愤地说道。

妈妈心想：都断绝关系了还坐在一起上课，这不得天天打架啊！于是又找到老师，要求给孩子调换位置。念念再次开心起来。

可是，刚刚过去一个月，念念的老毛病又犯了，一放学就跟妈妈说同学天天烦她，上课问她借书本、文具，下课跟她借

水、借纸，说自己就像个保姆，根本没办法学习。

妈妈表示很无奈，但为了孩子能塌下心来学习，再次向老师提出了要求。没想到第二天念念哭着回来了。

"我再也不去学校了，老师把我一个人放在角落里，同学们都笑话我！"

妈妈目瞪口呆，一句话也说不上来。

一分钟解析

家长有一条不可触碰的底线，那就是见不得孩子受委屈。当孩子眼泪汪汪地跟你说，跟同学吵架了、闹矛盾了，挨老师批评了，相信没有哪位家长能冷静下来。家长第一时间一定是急匆匆地冲到学校，找老师了解情况，找孩子家长解决问题，恨不得替孩子承受一切委屈。

然而，家长也都知道，自己不可能照顾孩子一辈子，他总要走向社会，学会自己面对问题、解决问题。你的保驾护航，只能将这个时间推迟一阵子，而不能推迟一辈子。现在不肯教他，将来只能让社会来教他。

事实上，家长贸然替孩子出头，帮孩子处理矛盾，并不能真正解决问题。就像"小剧场"中的妈妈，在孩子第一次和同学闹矛盾时，她完全可以引导孩子处理与同学间的矛盾，如果矛盾实在难以调和，再出面请老师调换位置也不迟。而这位妈妈没有这么做，她一而再，再而三地要求调换位置的做法实际上犯了人际关系中的大忌，即逃避交往，给孩子的正常交往埋下了隐患。

其实，并不是只有和谐的交往才叫社交，偶尔的争吵、处理矛盾纠纷也是社交的一部分。只要处理得当，适当的争吵反而能升华友谊。

不妄断是非，让矛盾复杂化

人与人相处不怕有矛盾，就怕不敢直面矛盾。孩子与人频繁闹矛盾，家长自己首先不能慌。

一、了解事情的真相，让孩子先反思自己

有句话说得好，如果你觉得所有人都有问题，那么往往有问题的人是你。如果孩子几次三番地与人发生争执、矛盾，那么家长首先应该冷静下来，多方沟通，还原事情的真相，然后反问一下：自己的孩子难道就没有错吗？家长应先控制孩子的敌对情绪，禁止他用暴力、逃避等极端的方式处理矛盾，然后引导他反

思自身的问题。

二、让孩子学会宽容，多发现他人的优点

善于发现他人优点的人，拥有一颗包容的心。当孩子与朋友交往不顺利时，家长可以提示孩子多想想对方的优点。先让人，自然也会获得对方的尊重和包容。

三、与人为敌，不如化敌为友

孩子们都喜欢结交朋友，当孩子社交遇到问题时，家长应该帮着孩子出谋划策去解决实际问题，而不是阻止孩子的交际行为。比如，家长可以让孩子请同学到家里玩，或者为孩子办一场轻松的聚会。

20. 他总要事事做决定，
   也太霸道了

　　小威上学之前，一直由爷爷奶奶带，爷爷奶奶对他娇生惯养，俨然把他养成了一个"小霸王"，不但事事得他说了算，还特别容易暴躁。妈妈特别担心小威与同学相处也是这样，于是特意邀请他的朋友来家里玩。

　　"我们来玩游戏吧！玩捉迷藏怎么样？"孩子们看了一会儿电视就坐不住了，其中一个孩子提议。

　　"那有什么意思，玩'一二三木头人'吧！"小威冷冷地说道。

　　"也行，也行。"其他小朋友附和着说，"那我们手心手背来决定谁做木头人。"

　　"不用了，我做木头人！"小威一点也不考虑其他人的感受。

　　"好吧！"虽然大家都很不高兴，但因为在小威家，也不好说什么。

　　然而，游戏玩到一半，小威又不玩了。

　　"真没意思，你们怎么一点也不知道配合！"小威挠了挠头说，"还是玩捉迷藏吧！"

　　朋友们面面相觑。

"到底要玩什么啊？"终于，其中一位小朋友忍不住，不开心地问道。

"算了，算了。他说玩什么就玩什么吧，毕竟在人家里做客。"另外一个小朋友见气氛变紧张了，连忙出来解围。

"我要藏，你们来找我！"小威一点也不客气。

"我藏好了……"然而，小威等了很久都没有动静，他不知道，其他小朋友已经不辞而别了。

一分钟解析

在一个班集体中，总会遇到一些性格好强的"小霸王"，他们事事都要自己做决定，不考虑其他人的意愿和意见，最后常常成为集体中的矛盾源，成了孩子们口诛笔伐，向老师和家长告状的对象。

每个人都希望自己的意愿能够被重视、被满足，这很正常，但如果在集体中总以自己的意愿为主，或者将自己的意愿强加于人，事事自己做决定，言行霸道，那么一定会遭到众人的反感和排斥。

究竟是什么导致孩子形成这种性格呢？家长该怎么拯救呢？

这种性格多是在三岁左右形成的，那时孩子的自我意识刚

刚觉醒，如果父母没有正确引导孩子认知自我与他人的关系，而是一味溺爱，事事顺从、事事妥协，孩子就会变得"唯我独尊"。他认为，只要自己想要的东西就能得到，如果得不到就发脾气。

　　还有一种情况是，孩子在家庭教育中受到了太多来自父母的霸权制裁，孩子没有在适当的年纪宣泄他的自主权，就可能在与他人相处的过程中，把长期以来压制的情绪发泄出来，就像自己的父母一样，强迫别人按照自己的意愿行事。

　　家长们最害怕的是自己孩子被欺负，而对他们的霸王行为往往是后知后觉的。就算知道，也总是以为长大就好了。其实不然，父母如果不及时干预，"小霸王"很可能会在将来的人际关系、情感成长方面受到严重的影响，如变得缺乏同情心和怜悯心，冷酷无情等。

自尊心在作祟，把争强好胜变成友好的竞争

　　家里的"小霸王"与小伙伴发生纠纷后，无论是老师苦口婆心地劝说，还是家长严厉地训斥都没有什么效果，不如这么做：

一、学会冷处理，延迟满足孩子的需求

面对孩子的霸权行为，高情商的做法是冷处理。配合只会让他越发猖狂，最好的做法就是不予理睬或延迟满足。即便孩子发脾气，也坚决不予理睬，等他情绪稳定后再尝试沟通，指出他行为上的不当之处。

二、利用孩子的自尊心，培养主人翁意识

在处理孩子与其朋友的纠纷时，家长与其批评责骂，不如培养孩子的主人翁意识。家长可以用以下话语引导孩子，如："你是主人，应该懂得待客之道，把选择权留给客人。""你是小哥哥，应该照顾弟弟妹妹。""你个子高，应该帮助瘦小的同学。"不要小看孩子的自尊心，给他们一点提示，往往能达到很好的效果。

三、家庭熏陶，营造民主的家庭氛围

要想改掉孩子的霸道作风，家长首先要改掉自己的强权做派，营造民主的家庭氛围。当家里遇到需要抉择的事情时，不搞"一言堂"，而是让所有家庭成员参与讨论，做出一致认可的决定。这样，孩子自然而然就能形成公平待人、公正处事的习惯。

21. 孩子之间遇到意见分歧怎么办？

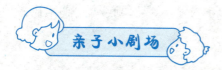

　　"哎呀，下雪了，你们快看！"正在丹丹家做作业的小伙伴们惊奇地看着窗外。

　　"我们出去玩雪吧！"丹丹恨不得马上丢下作业，跑出去赏雪。

　　"还是先做完作业再出去玩吧！"毛毛作为班长，总是喜欢一板一眼地纠正大家的行为。

　　"别写作业了，还是各回各家吧！万一雪下大，就不好走了。"朱朱建议道。

　　"我觉得还是出去玩雪，气象台没有预报有雪，万一一会儿不下了怎么办？"丹丹仍然坚持出去玩雪。

　　"还是写完作业吧，写完作业才能放心玩！"

　　"回家再写吧，万一下大了回不了家怎么办？"

　　"不，不，说不定马上就不下了。"

　　"你们不要忘了，我可是班长，你们写不完作业，我可是要告老师的。"班长"噌"地站起来发了火。

　　"班长了不起啊，班长也应该听听群众的声音吧！"朱朱也发怒了。

　　几个人争吵不休，丹丹爸爸听到孩子们的吵闹声越来越大，

认为最好干预下，便走过来高声嚷了一句："别吵了，能不能好好玩，不能好好玩就散了吧！"

吵闹声终于停下来了，但几个人不欢而散。后来像仇人一样，很长时间都不再说话了。

一分钟解析

大人们总是对孩子缺少一点耐心，尤其当几个孩子在一起遇到意见分歧、无法调和时，很多家长会不胜其扰，失去耐心，一声狮吼把孩子们赶跑。

这种做法看似阻止了孩子们的争吵，实则根本没有解决问题，还会在孩子们心里留个疙瘩。疙瘩可能会越积越大，然后发炎、溃烂、扩散，连带着影响了家长之间的关系。家长再一冲动，为此大打出手，这就让孩子们的小分歧发展成了大矛盾，到时候就真的无法收场了。

当然，有的家长并不是要推卸责任，而是小看了孩子们之间的纷争，认为小孩子能有什么大事，吵吵闹闹很正常，过两天就忘了。这可未必，孩子因为思想不成熟，对他人和他物的容忍度很低，并不能做到求同存异，也没有解决分歧、统一意见的能力。就像"小剧场"中所描述的，丹丹爸爸的一声呵斥，的确在矛盾的尖峰时刻阻止了争吵，但也让问题最大化地保留下来，结果造成几个人的友情破裂。

孩子们在不具备能力去处理分歧、解决问题时，他们最信任的、最能依赖的是爸爸妈妈，**特别是当他们最看重的友谊出现裂痕时**，他们最想要得到家长的帮助或指导。家长们这时所采取的做法一定会让他们印象深刻，甚至能影响他们的一生。

一正老师有话说

控制好情绪，有话好好说

孩子们遇到分歧，家长怎么办？千万不要把它当成小孩过家家，一笑而过，更不要一声狮吼把孩子们吓跑。

一、家长要控制场面，制止激烈情绪的蔓延

因意见不统一而产生情绪很正常，争吵是各抒己见的一种方法，但并不是统一意见、解决问题的方法。任争吵发展下去，很容易让情绪变得激烈，到时就**不能理智地思考和真实地表达自己的想法了**，场面也会失去控制。家长应该通过劝说或转移注意力来阻止争吵，让孩子们冷静下来，而不是把孩子们赶走。

二、挖掘分歧的根源，寻找合理的解决方案

当孩子们能冷静下来，心平气和地说话时，家长就可以适时引导孩子说出自己的诉求。每个人都希望自己的意愿被尊重，这时家长要让他们知道别人也存在一样的想法。与其一直争吵下去，不如讨论出一个大家都能接受的方案。

三、家长不做和事佬，给孩子留出解决争端的空间

家长不能利用自己的身份，或按照自己的思维方式帮孩子划定方案，如："我认为 ××× 说得有道理，不如就按他的意见来。"如果家长安排不好，容易使孩子们出现不平衡和嫉妒的心理；如果安排得当，也会让孩子产生依赖心理，下次遇到分歧，依然会求助家长而不会自己解决。

22. 孩子不懂拒绝怎么办?

亲子小剧场

"果果，陪我一起去逛街吧！"这周末，朋友小麦来找果果玩，但果果前一天着凉了，身体不是很舒服，并不想出去玩。

"嗯……你要买什么啊？"果果很想拒绝，但又不知道怎么拒绝。

"也没有特别想买的，就是想逛一下。"

"你还是想一下吧，想清楚了再出门，这样效率比较高哦！"果果东拉西扯，就是不知道怎么拒绝。

"想那么多干什么，我们还是走吧，边走边想！"就这样，果果被小麦拉了出去。

第二天，果果患了重感冒，并向学校请了一个礼拜的假。

后来，果果把这件事告诉了妈妈，被妈妈一通数落："你怎么就不知道拒绝呢！难道别人让你去打架，你也二话不说就去吗？'我不想去'这很难说出口吗？做人要有主见，不能别人让干什么就干什么！"

果果想了想，觉得妈妈说得有道理，于是暗下决心，一定要把"不"说出口。

这天，果果的病刚好，小麦又来找果果玩。

"果果，下雪了，一起去玩雪啊！"

"不去！"果果丢下一句话，就急匆匆地跑开了，心里还暗自得意，"真棒！原来拒绝别人这么爽！"从此，果果就像开了挂一样，经常把"不去""不想""不要"挂在嘴边。

没多久，学校举行临时活动，所有人都准时参加了，只有果果一个人在教室傻傻等待。不是没有人通知她，只是人家话还没说完，果果就捂住耳朵大喊："不去，不去！"

一分钟解析

面对朋友的邀约或请求，很多孩子都不忍心拒绝，父母会把孩子的委曲求全当成没出息，并加以批评。例如，"你怎么这么容易受人摆布！""他是什么人，你非得听他的！""人家让你干什么就干什么啊，有没有一点主见？"

在父母的错误引导下，孩子很容易从不会拒绝的极端走向另一个极端——硬性拒绝，结果导致社交失败，失去朋友。

大多数家长总是习惯以成年人的标准去衡量孩子的社交，认为不懂得拒绝就等于吃亏，而没有真正从孩子的角度去考虑，孩子为什么宁愿吃亏也不肯拒绝。

其实，孩子不懂拒绝从根源上讲与家庭环境和家庭的教育脱不了干系。如果父母在与人相处的过程中表现得过于被动，不

懂得拒绝，那么孩子在潜移默化中就学会了父母处理问题的方式，遇到同样情境，就把它当作首选。

第二种情况是，父母在管教孩子方面表现得十分强势，从来不考虑孩子的感受，不允许孩子说"不"。孩子在这样的环境中容易形成被动型人格，在与其他人相处时也习惯性地不会拒绝。这样的孩子往往没有主见，遇到问题没有判断力，不懂得什么时候可以拒绝，什么时候不可以拒绝。在家长的错误引导下，他们就容易像"小剧场"中的果果一样，从一个极端走向另一个极端。

要想解决这一问题，父母要学会站在孩子的角度去思考问题，即孩子为什么不愿意拒绝呢？很大程度是因为孩子怕伤害朋友的感情，从而失去朋友。所以，孩子在伤害朋友和委屈自己中选择了后者。这是孩子善良的表现，家长应该正确引导，而不是一味让孩子说"不"。

重点不在利益得失，而是帮他认清是非曲直

家长要知道一件事，其实善良和拒绝不是不可调和的矛盾，

我们完全可以教给孩子高情商的拒绝方法，让孩子学会拒绝的同时依然保持善良。

一、在生活中培养孩子自主决定的意识

"今天冷吗？你觉得是该穿羽绒服还是棉衣？""朋友生病了，你想要探望她吗？""今年的生日，可以按照你的意愿来过！"家长不要事事为孩子做决定，而要学会让孩子做选择，且让他为自己的选择承担后果。当孩子习惯了自我做决定时，内心就会强大、遇事就有决断力，就懂得什么时候拒绝。

二、进行角色扮演，让孩子找出友好拒绝的方法

家长可以在家中与孩子进行角色扮演的游戏，既要让他们体会拒绝人的感受，也要让他们体会被拒绝的感受。之后，再适当演绎出几种让人可以接受的拒绝方法，如"这个提议很不错，不过我提前有约了，谢谢你的邀请！""虽然我很想去，但我感冒了……"让人知道你拒绝的原因，对方就会感受到你的善意，也就不会因为被拒绝而难过了。

三、明辨是非，让孩子学会合理拒绝

在面对别人的要求时，家长应引导孩子明辨是非，而不是计较利益得失。至于是否拒绝，除了让孩子考虑自身的主观意愿，还应该让孩子判断这件事的是非。"给我抄抄你的作业！""咱们去给轮胎放气吧！"对这种不好的提议，不但要鼓励孩子拒绝，还应该让孩子尽力规劝，这才是真正的朋友该有的表现。

23. 孩子是个"软柿子"，被人欺负了怎么办？

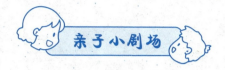

亲子小剧场

"哎哟！"小青跟着妈妈一起参加婚宴，在饭桌上盛汤时被人碰到胳膊，结果一勺子汤直接洒向了旁边座位。

"你干什么！没长眼睛吗？"旁边坐着的是邻居家孩子阳阳，阳阳"噌"地站起身，大声吼了一句。

"对不起，对不起！我给你擦擦吧！"小青连忙道歉，还要起身给阳阳擦污渍。

"你走开！"阳阳就势推了小青一把，小青身体失去平衡，重重地跌坐在地上。

参加婚宴的人特别多，小青认为自己在众目睽睽下出了丑，一时难以接受，就委屈地哭了起来。

"你哭什么！是你洒了我一身！"阳阳没好气地看着小青，一边擦着身上的污渍。

"真没教养！"这时，阳阳妈妈嘟囔了一句。

小青妈妈本来不想干涉孩子们之间的小矛盾，但阳阳不依不饶，他妈妈也掺和进来，便也翻了脸，最后两个大人竟互相扭打到了一起。参加婚礼的人都是亲朋好友，于是引起了一场混战，最后竟然惊动了警察。就这样，一场好好的婚礼被两家人搞砸了。

  "我们不欺负人，但也不能做'软柿子'被人欺负。"这成了现代家长不成文的教育主张。

  过去，家家户户孩子多，家长没有时间在孩子们身上花费太多心思，所以祖父母这一代、父母这一代几乎都是相互打闹着长大的，哪个没有经历过磕磕碰碰？然而，到了下一代，爸爸妈妈、爷爷奶奶就再也不能容忍自己的孩子被人欺了。

  其实，孩子们在一起经常发生冲突，而且这种冲突大多没有谁对谁错，孩子们自己一会儿也就忘了，矛盾也就这么过去了，以后该怎么相处还怎么相处。

  家长固然不忍孩子受委屈，然而像"小剧场"中那样贸然替孩子出头就是正确的做法吗？当然不是，往往是家长一干涉，孩子就老死不相往来了。这又是为什么呢？

  因为家长的干涉除了把孩子之间的小吵小闹上升为是非曲直的大问题，对孩子的社交一点帮助也没有。家长总习惯用成年人的标准来评判矛盾、总结是非，这就把小小的纠纷扩大化、复杂化，闹到当事者无法挽回的局面。

  孩子的世界是很单纯的，家长可以合理干预，但绝不能以成人的思维去评判。如果确实到了需要家长干预的地步，家长也要注意方式方法，把握一个度，让孩子双方的身心都能承受。

不贸然出头，家长永远不能代替孩子成长

孩子们之间遇到矛盾，是对家长情商和智商的双重考验，家长的做法会对孩子产生潜移默化的影响。

一、稳住自己的情绪，制止矛盾

孩子的吵闹大多不影响友谊，但孩子毕竟是孩子，手上没有轻重。家长应该在矛盾上升到肢体冲突之前，适时制止，以免造成更严重的后果。这时，家长不能论对错、下结论，而是要控制好自己的情绪，以第三方的角度问清事情的起因。

二、引导孩子发现自身错误

在了解情况的过程中，家长不能偏信一方之词，也要听一听对方的说法，或者旁观者的说法，并引导孩子发现自己的错误。就自己孩子一方的错误切入教育，拒绝盲目批评，最后可以给出一些建议，让孩子尝试自己解决。

三、给孩子空间，让他们自己解决问题

孩子之间的矛盾，只要没有上升到肢体冲突，家长千万不

要贸然出头，替孩子打抱不平。孩子需要自己面对问题，**思考解决办法**。因为家长永远不能替代孩子成长，孩子只有**亲身经历**，才能懂得"只有改变自身才能适应他人和社会"的道理。

第五章　礼貌礼仪

帮孩子打造受欢迎"人设"

18. 孩子拉帮结派，该怎么管？

　　"果果，你有没有看到房间里的小礼品？"妈妈说着推门而入，立马被眼前的场景震惊了。果果的房间里密密麻麻坐满了人，都是她的同学。妈妈立刻向果果使了一个眼色，把她叫了出来。

　　"这是怎么回事？你把全班同学都请来啦！"

　　"要是能请来全班同学就好了，这也就三分之一！"果果耸耸肩遗憾地说。

　　"也就三分之一！"这已经震撼到妈妈了，可果果居然还嫌不够，"你们在干什么？是有什么活动吗？"

　　"啊……对，是学校里的活动！"果果慌忙转移话题，"妈妈，你刚才找我什么事？"

　　"对了，我在你房间里放了一些小礼品，怎么不见了，虽然不值什么钱，但那是要送给客户的纪念品。"

　　"啊！那些小公仔！妈妈，我看那些小公仔挺可爱的，就送给同学们了！"

　　"都送了？"妈妈再次被震惊到了。

　　果果点点头。

　　送都送了，妈妈也不好再说什么，但心里已经产生了不好

一分钟解析

　　家长往往误以为小孩子们都不太爱讲卫生，认为他们对邋遢没什么概念。的确，五岁之前的孩子对邋遢没什么概念，但七八岁的孩子就会指着脏小孩说："他怎么那么脏！不要跟他玩了！"

　　你看，孩子到了七八岁，就已经有了讲卫生的意识，而且会排斥那些不讲卫生的孩子。面对这样的指责和排斥，家长还能放宽心吗？孩子会不会被人嫌弃，失去朋友，产生自卑、惰性心理，形成不好的性格和品格？

　　更何况，孩子如果长时间不讲卫生，还很容易染病。所以，不管从身体考虑，还是从心理考虑，都应该重视孩子的邋遢行为。

　　很多时候，孩子之所以邋遢，是因为没有得到长辈及时的教导。家长由于工作忙而对孩子的日常起居不管不问，或者孩子从小跟着祖父母长大，衣来伸手饭来张口，突然离开祖父母后，就不知道怎么照顾自己了。

　　孩子的邋遢也受周围环境的影响。如果孩子本身就生活在脏乱差的环境里，家长缺少卫生意识，孩子自然也就缺乏卫生意识。在别人眼中看来很脏的东西，在他看来却很正常，也就意识不到自己与众不同，更不会想办法去改变。

孩子也需立"人设"

出门在外，讲究仪容仪表，树立好的形象，这是人际交往的基本礼仪。家长都知道的事，却不让孩子知道，难道孩子就不需要立"人设"了吗？要想根治孩子邋遢的坏毛病，还是得靠家长。

一、讲一讲邋遢的危害

家长不要把教育只停留在要求和命令上，而要引导孩子全方面地了解不讲究卫生带来的危害。家长可以让孩子亲自观察显微镜下的细菌，或通过一些绘本、电视节目，真正直观地认识到邋遢对身心的危害和对人际交往的影响。

二、带孩子一起做卫生

孩子的邋遢不是一天形成的，父母对此有很大的责任。婴幼儿时期，孩子的干净全靠父母的勤劳，长大后全靠父母的影响。父母可以带着孩子一起讲究个人卫生，打扫家庭卫生。当孩子形成了讲究卫生的习惯，想邋遢起来都难。

情缘由，理解孩子的想法，不要一味指责他的行为。

二、引导孩子换位思考

家长都知道换位思考在人际关系中的重要性，因而可以设计情境让孩子体验一下被排斥的一方是怎样的心情和感受。"如果别人这样对待你，你会感觉怎么样？"当孩子顺着你的思路表现出对他人的理解和尊重时，家长应当及时鼓励和称赞。

三、与孩子讨论问题

当孩子理解对方后，就能从情境中走出来，保持一个客观、中立的态度。这时，家长可以引导孩子从第三视角来分析、讨论这件事，可以通过社会现象、影视作品中的情节等来引导孩子看到他们忽略的方面，再通过讲故事、做游戏的方式，帮助孩子认识事情的是非，有可能带来的后果，以及遵守规则的重要性。

第四章　矛盾分歧

高情商化解孩子的社交危机

亲子小剧场

"哎呀，你们快看！"皮皮突然指着花花的耳朵喊道，"花花的耳朵上长了好多肉粒！"

被皮皮这么一喊，全班同学都凑过来，要看一看花花耳朵上的小肉粒，花花吓得抱着脑袋蹲在桌子底下不肯出来。

"我们给她取个绰号吧！"皮皮像突然想到一个好主意似的，大声喊道。

"小肉粒！"

"小肉球！"

"不好，不好，花花又不胖！"有个孩子说，"不如叫她'小耳朵'吧！你看她就像长了好多小耳朵！"

"六耳猕猴！"皮皮数了数，正好六颗，一拍大腿，喊了一声，"就叫她'六耳猕猴'！"

"这个名字不错！还是皮皮会取名字，正好是六颗呢！真的很贴切！"

教室里一直吵吵闹闹，直到上课铃响，所有人都安静下来，才听到花花隐隐约约的啜泣声。

从那以后，皮皮就像解锁了一项新技能，每天观察别人的缺点，给人家取绰号。胖胖的爱流鼻涕的磊磊被他叫成"鼻涕猪"；又黑又壮的山山被他叫成"傻大个儿"；瘦瘦高高的阿泽被他叫成"电线杆儿"……

就这样，班里许多同学从嘲笑者变成了被嘲笑者，与此同时，大家一个个远离了皮皮。不过，皮皮也被老师狠狠批评了一顿："你再给人家取绰号，自己就成'光杆司令'啦！"

一分钟解析

开玩笑就像是集体生活中最平淡的乐趣，适当的玩笑会让大家觉得有趣，但如果针对别人的缺点开玩笑，就成了无礼的玩笑。不过，为什么孩子们总是对这种无礼的玩笑情有独钟呢？

一般来说，无礼的玩笑往往是谈笑间的自然产物，并非刻意为之。某一天，当一个孩子发明创造的新词（不好的词）得到其他小伙伴的响应，甚至引来哄堂大笑时，这种做法就像得到了某种肯定，这个孩子甚至会引以为傲，把嘲讽继续下去，以此取乐。不过，这种情况大多是孩子的语言能力、观察总结能力有所提升造成的，是在无意识状态下形成的嘲讽。

还有一种情况，就是孩子刻意为之的嘲讽。孩子的一言一行受到家庭环境和周围环境的影响，如果家长经常在家挖苦、嘲讽孩子，给孩子取一些绰号，如"小笨蛋""胖胖"等，或经常

水、借纸，说自己就像个保姆，根本没办法学习。

妈妈表示很无奈，但为了孩子能塌下心来学习，再次向老师提出了要求。没想到第二天念念哭着回来了。

"我再也不去学校了，老师把我一个人放在角落里，同学们都笑话我！"

妈妈目瞪口呆，一句话也说不上来。

家长有一条不可触碰的底线，那就是见不得孩子受委屈。当孩子眼泪汪汪地跟你说，跟同学吵架了、闹矛盾了，挨老师批评了，相信没有哪位家长能冷静下来。家长第一时间一定是急匆匆地冲到学校，找老师了解情况，找孩子家长解决问题，恨不得替孩子承受一切委屈。

然而，家长也都知道，自己不可能照顾孩子一辈子，他总要走向社会，学会自己面对问题、解决问题。你的保驾护航，只能将这个时间推迟一阵子，而不能推迟一辈子。现在不肯教他，将来只能让社会来教他。

事实上，家长贸然替孩子出头，帮孩子处理矛盾，并不能真正解决问题。就像"小剧场"中的妈妈，在孩子第一次和同学闹矛盾时，她完全可以引导孩子处理与同学间的矛盾，如果矛盾实在难以调和，再出面请老师调换位置也不迟。而这位妈妈没有这么做，她一而再，再而三地要求调换位置的做法实际上犯了人际关系中的大忌，即逃避交往，给孩子的正常交往埋下了隐患。

其实，并不是只有和谐的交往才叫社交，偶尔的争吵、处理矛盾纠纷也是社交的一部分。只要处理得当，适当的争吵反而能升华友谊。

一正老师有话说

不妄断是非，让矛盾复杂化

人与人相处不怕有矛盾，就怕不敢直面矛盾。孩子与人频繁闹矛盾，家长自己首先不能慌。

一、了解事情的真相，让孩子先反思自己

有句话说得好，如果你觉得所有人都有问题，那么往往有问题的人是你。如果孩子几次三番地与人发生争执、矛盾，那么家长首先应该冷静下来，多方沟通，还原事情的真相，然后反问一下：自己的孩子难道就没有错吗？家长应先控制孩子的敌对情绪，禁止他用暴力、逃避等极端的方式处理矛盾，然后引导他反

26. 孩子间的亲密动作，该制止吗？

"老婆，你快看，孩子好像发烧了！"阳阳一边摸着洋娃娃的额头，一边焦急地说。

"哎呀，老公，这可怎么办呢？"果果抱起娃娃，装作流泪的样子。

"别怕，别怕，赶紧带她去看医生，让医生给她打针！"阳阳亲了亲果果的额头，然后一转身戴上听诊器，立马装扮成了医生模样。

"哎呀，医生怎么是个男的？我不想要男医生给我打针！"果果又假装成宝宝，一副扭扭捏捏的样子。

"没关系哦，让医生给你脱裤子吧！"阳阳假装一脸坏笑的样子，开始追着果果跑。于是，"过家家"演变成了"打针"游戏，又演变成了"坏人"游戏。

虽说是孩子们常玩的游戏，但却把一旁的果果妈妈看得心惊肉跳，这又是"老公、老婆"，又是"搂搂抱抱"，又是"追逐打闹"的，真是让人哭笑不得，也不知道该不该制止。

亲子小剧场

小威上学之前，一直由爷爷奶奶带，爷爷奶奶对他娇生惯养，俨然把他养成了一个"小霸王"，不但事事得他说了算，还特别容易暴躁。妈妈特别担心小威与同学相处也是这样，于是特意邀请他的朋友来家里玩。

"我们来玩游戏吧！玩捉迷藏怎么样？"孩子们看了一会儿电视就坐不住了，其中一个孩子提议。

"那有什么意思，玩'一二三木头人'吧！"小威冷冷地说道。

"也行，也行。"其他小朋友附和着说，"那我们手心手背来决定谁做木头人。"

"不用了，我做木头人！"小威一点也不考虑其他人的感受。

"好吧！"虽然大家都很不高兴，但因为在小威家，也不好说什么。

然而，游戏玩到一半，小威又不玩了。

"真没意思，你们怎么一点也不知道配合！"小威挠了挠头说，"还是玩捉迷藏吧！"

朋友们面面相觑。

"到底要玩什么啊？"终于，其中一位小朋友忍不住，不开心地问道。

"算了，算了。他说玩什么就玩什么吧，毕竟在人家里做客。"另外一个小朋友见气氛变紧张了，连忙出来解围。

"我要藏，你们来找我！"小威一点也不客气。

"我藏好了……"然而，小威等了很久都没有动静，他不知道，其他小朋友已经不辞而别了。

在一个班集体中，总会遇到一些性格好强的"小霸王"，他们事事都要自己做决定，不考虑其他人的意愿和意见，最后常常成为集体中的矛盾源，成了孩子们口诛笔伐，向老师和家长告状的对象。

每个人都希望自己的意愿能够被重视、被满足，这很正常，但如果在集体中总以自己的意愿为主，或者将自己的意愿强加于人，事事自己做决定，言行霸道，那么一定会遭到众人的反感和排斥。

究竟是什么导致孩子形成这种性格呢？家长该怎么拯救呢？

这种性格多是在三岁左右形成的，那时孩子的自我意识刚

意力，平时再对孩子展开适当的性别教育，让孩子知道男女有别等。

三、家长注意规避自己的亲密言行

孩子最主要的生活环境是家庭，而他们模仿的对象自然是家庭成员，因此家庭成员之间的亲密言行有必要避开孩子。同时，家长要注意电视、手机等媒体对孩子的影响，让孩子有选择地观看电视节目或视频。

27. 孩子过于"社牛"，怎么办？

21. 孩子之间遇到意见分歧怎么办？

　　"哎呀，下雪了，你们快看！"正在丹丹家做作业的小伙伴们惊奇地看着窗外。

　　"我们出去玩雪吧！"丹丹恨不得马上丢下作业，跑出去赏雪。

　　"还是先做完作业再出去玩吧！"毛毛作为班长，总是喜欢一板一眼地纠正大家的行为。

　　"别写作业了，还是各回各家吧！万一雪下大，就不好走了。"朱朱建议道。

　　"我觉得还是出去玩雪，气象台没有预报有雪，万一一会儿不下了怎么办？"丹丹仍然坚持出去玩雪。

　　"还是写完作业吧，写完作业才能放心玩！"

　　"回家再写吧，万一下大了回不了家怎么办？"

　　"不，不，说不定马上就不下了。"

　　"你们不要忘了，我可是班长，你们写不完作业，我可是要告老师的。"班长"噌"地站起来发了火。

　　"班长了不起啊，班长也应该听听群众的声音吧！"朱朱也发怒了。

　　几个人争吵不休，丹丹爸爸听到孩子们的吵闹声越来越大，

条"自我边界"，同时把手伸到了对方的边界内。家长不要因为孩子没有分寸感，就给孩子扣上"没礼貌""不懂事"的帽子，或强制孩子闭嘴等，这种言行只会伤了孩子的心，甚至能将原本"社牛"的孩子推向"社恐"。

一正老师有话说

社交需要一点距离

孩子"社牛"过了头，招人烦怎么办？那就需要家长帮孩子认识"社交距离"，让孩子自动画上一条社交边界线。

一、从肢体距离说起

家长可以带孩子到游乐场等公众场合去观察，当遇到陌生人主动搭话时，正常的社交距离是成年人的一臂远，小于这个距离，就会引起人们的反感，下意识做出身体后退、用手遮挡等动作。一臂的距离，就是允许陌生人靠近的底线，同理，朋友之间也有一条底线。这样，可以帮助孩子把社交距离这个抽象的词语具象化。

二、建立社交边界

家长在要求孩子尊重别人的社交距离时，首先要帮助孩子建立起自己的社交边界，也就是先帮自己孩子画条边界线。家长可以由远及近罗列出一些选项，让孩子勾选出自己能接受的社交行为，如"一臂远""握手""拥抱""头碰头"等。

三、讲讲社交礼节

孩子在与朋友相熟后，容易产生社交混乱的现象。比如手的运用，从初相识的"握手"发展为相熟后的"手拉手"，孩子就会误以为朋友之间不分你我，形影不离了。这时，父母必须指出来，如果不经朋友同意就去碰人家的东西、进人家的房间是不礼貌和不合理的，即使是最好的朋友也应当遵守基本的社交礼节。

二、挖掘分歧的根源，寻找合理的解决方案

当孩子们能冷静下来，心平气和地说话时，家长就可以适时引导孩子说出自己的诉求。每个人都希望自己的意愿被尊重，这时家长要让他们知道别人也存在一样的想法。与其一直争吵下去，不如讨论出一个大家都能接受的方案。

三、家长不做和事佬，给孩子留出解决争端的空间

家长不能利用自己的身份，或按照自己的思维方式帮孩子划定方案，如："我认为 ××× 说得有道理，不如就按他的意见来。"如果家长安排不好，容易使孩子们出现不平衡和嫉妒的心理；如果安排得当，也会让孩子产生依赖心理，下次遇到分歧，依然会求助家长而不会自己解决。

22. 孩子不懂拒绝
怎么办？

"忍一会儿吧，出去妈妈给你买果饮。"

"不嘛，我现在就渴！"

"进电影院时怎么说的？"妈妈怒不可遏，低吼了一声。

"你要渴死我啊！"腾腾终于忍不住，大声嚷嚷了起来。

结果，母子两个在一片责备声中离了场。

出门在外，家长都想体体面面的，但身边带着一个不听话、爱喧闹的"熊孩子"，所有的体面和尊严都会被消磨得荡然无存。

"你怎么这么没有礼貌！""你给我闭嘴！""再闹腾，小心我把你丢掉！"威胁、恐吓、嘶吼，最终沦为一场亲子大战，还会让一家子沦为别人的笑柄。

那么，好好的孩子，为什么一定要在公众场合大呼小叫、撒泼胡闹呢？是故意在给家长难堪吗？

其实，孩子们未必是故意惹事。对于孩子来说，家以外的世界是新鲜而又陌生的，漆黑的电影院、飞驰的地铁、吵闹的公园，都让他们感到各种不适。

家长觉得平平无奇的人物、事物，在孩子看来都像一个大大的问号。好奇心强烈的孩子，在看到各种没见过的东西时，脑子里会生出许多个疑问，于是大惊小怪、问东问西。

　　如果是几家人结伴而行，就会有好几个"熊孩子"凑在一起，那场面就更热闹了。打打闹闹，蹦蹦跳跳，妈妈们一方面要操心孩子的人身安全问题，另一方面要避免干扰到其他人，在此过程中可能会情绪失控，发展为亲子大战。不过，家长们很快会发现，这场战争只会愈演愈烈，直到场面失控，大家不欢而散。

礼仪需要教导，但礼貌出于尊重

　　孩子在公众场合吵闹，小时候觉得他"顽皮可爱"，长大就成了"没礼貌，不懂事"，说到底，好习惯都是从小养成的。

一、稳住情绪，杜绝大声喧哗

　　孩子在公众场合大声喧哗、举止不文明，大多数人都能容忍，因为小孩子欠缺自我约束能力。不过，对家长的大声喧哗，就未必能容忍了。所以，家长在制止孩子时，更应该注意自己的语气、语调，不能大声呵斥，更不能动手打骂，否则不但会引起更大的骚乱，让场面失控，还会招致其他人的反感。

懂得拒绝，那么孩子在潜移默化中就学会了父母处理问题的方式，遇到同样情境，就把它当作首选。

第二种情况是，父母在管教孩子方面表现得十分强势，从来不考虑孩子的感受，不允许孩子说"不"。孩子在这样的环境中容易形成被动型人格，在与其他人相处时也习惯性地不会拒绝。这样的孩子往往没有主见，遇到问题没有判断力，不懂得什么时候可以拒绝，什么时候不可以拒绝。在家长的错误引导下，他们就容易像"小剧场"中的果果一样，从一个极端走向另一个极端。

要想解决这一问题，父母要学会站在孩子的角度去思考问题，即孩子为什么不愿意拒绝呢？很大程度是因为孩子怕伤害朋友的感情，从而失去朋友。所以，孩子在伤害朋友和委屈自己中选择了后者。这是孩子善良的表现，家长应该正确引导，而不是一味让孩子说"不"。

一正老师有话说

重点不在利益得失，而是帮他认清是非曲直

家长要知道一件事，其实善良和拒绝不是不可调和的矛盾，

我们完全可以教给孩子高情商的拒绝方法，让孩子学会拒绝的同时依然保持善良。

一、在生活中培养孩子自主决定的意识

"今天冷吗？你觉得是该穿羽绒服还是棉衣？""朋友生病了，你想要探望她吗？""今年的生日，可以按照你的意愿来过！"家长不要事事为孩子做决定，而要学会让孩子做选择，且让他为自己的选择承担后果。当孩子习惯了自我做决定时，内心就会强大、遇事就有决断力，就懂得什么时候拒绝。

二、进行角色扮演，让孩子找出友好拒绝的方法

家长可以在家中与孩子进行角色扮演的游戏，既要让他们体会拒绝人的感受，也要让他们体会被拒绝的感受。之后，再适当演绎出几种让人可以接受的拒绝方法，如"这个提议很不错，不过我提前有约了，谢谢你的邀请！""虽然我很想去，但我感冒了……"让人知道你拒绝的原因，对方就会感受到你的善意，也就不会因为被拒绝而难过了。

三、明辨是非，让孩子学会合理拒绝

在面对别人的要求时，家长应引导孩子明辨是非，而不是计较利益得失。至于是否拒绝，除了让孩子考虑自身的主观意愿，还应该让孩子判断这件事的是非。"给我抄抄你的作业！""咱们去给轮胎放气吧！"对这种不好的提议，不但要鼓励孩子拒绝，还应该让孩子尽力规劝，这才是真正的朋友该有的表现。

29. 孩子不会道歉怎么办？

"妈妈，我今天可能做错事了。"放学后，牛牛慢吞吞地跟妈妈讲述着学校发生的事情。

"怎么了？说来听听！"

"嗯……其实，我只是开了个玩笑，没想到方方就生气了。我在课间活动的时候，偷偷往方方的书包里放进去一条毛毛虫。结果，上课时，老师要求拿出书本，方方就摸到了那条毛毛虫，然后发出了一声尖叫，还哭了起来……"

"这样啊！那你有没有跟方方道歉呢？"

"我当着老师的面已经承认是我放的毛毛虫了，也跟老师说明那只是在开玩笑。老师批评我了！"牛牛似乎有些委屈，"但方方一整天都没搭理我，我不明白她为什么不搭理我。"

"人家肯定不想搭理你啊，你把人家吓了一跳，还让人家在课堂上失仪，当众出丑，换作我，我也不想搭理你。"

"那我该怎么办？"

"道歉啊！"

"还怎么道歉，我都承认错误了，而且当众出丑的也不止她一个！"

"那你就做好失去朋友的心理准备吧！"

一分钟解析

"我们不欺负人，但也不能做'软柿子'被人欺负。"这成了现代家长不成文的教育主张。

过去，家家户户孩子多，家长没有时间在孩子们身上花费太多心思，所以祖父母这一代、父母这一代几乎都是相互打闹着长大的，哪个没有经历过磕磕碰碰？然而，到了下一代，爸爸妈妈、爷爷奶奶就再也不能容忍自己的孩子被人欺了。

其实，孩子们在一起经常发生冲突，而且这种冲突大多没有谁对谁错，孩子们自己一会儿也就忘了，矛盾也就这么过去了，以后该怎么相处还怎么相处。

家长固然不忍孩子受委屈，然而像"小剧场"中那样贸然替孩子出头就是正确的做法吗？当然不是，往往是家长一干涉，孩子就老死不相往来了。这又是为什么呢？

因为家长的干涉除了把孩子之间的小吵小闹上升为是非曲直的大问题，对孩子的社交一点帮助也没有。家长总习惯用成年人的标准来评判矛盾、总结是非，这就把小小的纠纷扩大化、复杂化，闹到当事者无法挽回的局面。

孩子的世界是很单纯的，家长可以合理干预，但绝不能以成人的思维去评判。如果确实到了需要家长干预的地步，家长也要注意方式方法，把握一个度，让孩子双方的身心都能承受。

不贸然出头，家长永远不能代替孩子成长

孩子们之间遇到矛盾，是对家长情商和智商的双重考验，家长的做法会对孩子产生潜移默化的影响。

一、稳住自己的情绪，制止矛盾

孩子的吵闹大多不影响友谊，但孩子毕竟是孩子，手上没有轻重。家长应该在矛盾上升到肢体冲突之前，适时制止，以免造成更严重的后果。这时，家长不能论对错、下结论，而是要控制好自己的情绪，以第三方的角度问清事情的起因。

二、引导孩子发现自身错误

在了解情况的过程中，家长不能偏信一方之词，也要听一听对方的说法，或者旁观者的说法，并引导孩子发现自己的错误。就自己孩子一方的错误切入教育，拒绝盲目批评，最后可以给出一些建议，让孩子尝试自己解决。

三、给孩子空间，让他们自己解决问题

孩子之间的矛盾，只要没有上升到肢体冲突，家长千万不

悔当时那么做了"。这样针对性的道歉，比"请原谅我吧"更真诚，因为对方更希望这样的事下次不再发生。

三、弥补性道歉，让孩子为过失买单

"对不起，我错了，我一定会改……"父母可以教孩子再加上一句"我希望做点什么补偿你"或"请允许我表达歉意"等，效果会更好。因为补偿代表能为自己的错误负责，愿意为对方弥补伤害或损失，这才是犯错者应该有的态度。

30. 怎么让孩子大方
答谢？

亲子小剧场

周末，小麦的妈妈邀请朋友携女儿小优来家里做客。朋友一进门，就送上一大束鲜花，小麦妈妈接过鲜花连连高呼"欢迎、欢迎"，并招呼小麦出来迎客。

"小麦，你好，这是送给你的礼物！"进门后，小优也拿出了自己精心准备的礼物。

小麦接过礼物，马上打开，但是只看了一眼就将礼物扔在一旁，连句"谢谢"也没有，就自顾自地玩去了。

"这孩子，怎么这么没礼貌！"小麦的做法让妈妈十分尴尬，连忙代替小麦表达谢意，"阿姨替她谢谢你的礼物，真是用心了！"

"小麦，去帮妈妈拿些水果，洗一洗，装到果盘里拿出来！"小麦妈妈见到朋友分外高兴，两个大人正商量着怎么把鲜花插起来。

小麦闻言打开冰箱，发现水果都放在最上面一层，她踮了踮脚，还是够不到。

"我来帮你拿，我够得到。"小麦准备喊妈妈时，小优上前帮小麦拿出了水果，还和小麦一起洗干净、装了盘。小麦报以微笑，递给小优一个苹果，仍然没有表达谢意，反倒是小优接过苹果后说了声"谢谢"。

这个过程被两位妈妈看在眼里，小麦妈妈只得叹口气，尴尬地笑笑，表示自己也很无奈。

一些人很少把"谢谢"二字挂在嘴边，但适时地向他人的付出和善意表达谢意，一直都是中华文明礼仪，也是一个人道德修养的体现。因此，孩子在需要表达谢意时难以启齿，就成了关乎个人修养的问题。

怎么为人处世，平时的教导也不少，为什么孩子总是学不会呢？

其实不是学不会，而是父母的教导只停留在口头上。在孩子看来，父母每天只围绕着"学习"二字转，喜欢用成绩去评估孩子的优劣，从来不会因为他说了句"谢谢"而把他定义为好孩子，那么孩子怎么能习惯说"谢谢"呢？这背后，是父母忽视了孩子的做人教育，让孩子不懂得爱和感恩，没能形成同理心和共情心，不关心他人事务，甚至没有发展出健全的人格。

当然，也有另外一种情况，即孩子能感受到别人的善意，但就是羞于启齿。这种情况多半是因为孩子没能在家庭环境中受到

正确的引导和熏陶。中国人的表达方式较为含蓄，尤其在家庭内部，爸爸较少向妈妈的辛苦付出说"谢谢"，妈妈也较少向爸爸的外出劳作说"谢谢"，孩子自然也就把父母的付出当作理所当然。就算孩子能感受到父母的爱和付出，也认为没有必要讲出来。

事实上，连"谢谢"都无法说出口的孩子，很难建立起良好的人际关系，甚至会把原本的善缘变成恶缘。

 一正老师有话说

"善良的人难道不值得接受我们的谢意吗？"

孩子不会说"谢谢"，多半原因在家长，家长巧用几句话，让孩子养成大方答谢的好习惯。

一、不管他是谁，"谢谢"不离嘴

表达谢意不分年龄，不论身份。当孩子做了值得感谢的事时，家长要主动说"谢谢"，父母之间也应该多说"谢谢"。让孩子生活在充满谢意的家庭环境中，就是最好的教育。

二、答谢是礼貌，有来才有往

"哪怕不喜欢这个礼物，也应该感谢他对你的惦念不是吗？"父母应该第一时间纠正孩子不礼貌的行为，因为社交在于有来有往，对他人道谢是一种人人都应该遵守的重要礼节。

三、感谢你我他，传递善念到大家

"他很善良不是吗？善良的人难道不值得接受我们的谢意吗？"答谢的最终目的是对他人善良的言行进行一个肯定和鼓励，对方往往会因你的肯定和鼓励，把善意继续传递下去。

31. 孩子不会主动
求助怎么办?

亲子小剧场

　　五一假期，学校组织了一场春游踏青活动。因为老师计划让学生在公园野餐，所以前一天晚上妈妈就给牛牛准备好了便当和水。到了第二天，牛牛带着便当高高兴兴出门了。

　　乘坐校车时，车子颠簸打翻了牛牛的水壶，水壶的盖子没有拧紧，等到了目的地，牛牛才发现一滴水不剩了。

　　"怎么办？一分钱没有。"牛牛翻了翻书包，舔了舔嘴唇自言自语，"只能先忍着了。"

　　不巧的是，这天太阳偏偏特别大，还不到中午，牛牛就汗流浃背，渴得要晕过去了。

　　终于到了吃饭时间，牛牛打开妈妈准备的便当，还好有几个圣女果，但也是杯水车薪，吃完感觉口更渴了。

　　"要不要管朋友借一些水喝？或借点钱也行啊！"牛牛心里想着，偷偷看了一眼正大口大口喝水的同学，真是羡慕死了，可是话到了嘴边愣是说不出来。

　　结果，牛牛就这么又热又渴地又挨了一下午，直到傍晚回到家。

　　第二天，牛牛的嗓子就肿得说不出话来了。

　　"你怎么那么傻！为什么不求助同学和老师呢？"在妈妈的

追问下，才知道昨天一天牛牛经历了什么，真的让人哭笑不得。

 一分钟解析

迷路了，即使原地打转儿也不肯开口问路；忘带钱，宁可步行也不肯借一块钱坐公交车；遇到不会的题，打死也不肯向老师发问……生活中的确存在这样一种类型的孩子，他们往往被家长调侃为"傻孩子""缺根筋"。不过，孩子的这种"缺根筋"并没有引起家长的重视，认为他只是害羞、认生，长大就好了。然而，事情并没有那么简单。如果孩子遇到坏人、生命安全受到威胁，在危急关头仍然不肯求助于人怎么办？长大后形成社交障碍怎么办？

这并不是危言耸听，孩子在遇到问题而无法独立解决时，一般会做出三种选择：不作为，下次遇到同样的问题选择绕行；死扛到底，结果自己受累、受挫，陷入绝望、自卑；向人求助，通过外力寻求解决办法，收获成功，最后形成积极、不畏艰难险阻的高贵品格。

孩子不肯求助于人大多是因为害怕麻烦别人以及被拒绝。殊不知，人与人的交往，就始于开口求助和热心助人之间。

还有一类孩子因为性格好强而不屑求助于人，这类孩子往

往心高气傲，认为向人求助是能力低下的表现，而且不相信别人能有更好的解决办法。但这也让他们更容易受挫，从自负变成自卑。

"求助并不是软弱的表现。"

人常说，赠人玫瑰，手留余香。开口求助需要的是一点勇气，热心助人收获的却是一份喜悦。主动求助不丢人，家长可以变换表达方式进行引导。

一、告诉孩子为什么求助

"能七十二变的孙悟空还需要求助土地公呢！"家长要让孩子知道，求助只是为了解决问题，不带任何褒贬色彩。任何人都会遇到问题，保不准哪一天别人也会有求于你呢！所以，求人应该秉持这样一种态度：我值得你帮，将来有一天，我也有能力帮你。

二、可以向人求助什么

"遇到危险，难道也要死扛到底吗？"向人求助，不代表事事都可以求助。家长必须向孩子指出哪些情况需要向人求助，

当遇到自己无论如何也无法解决的问题时，就是时候该大声求助了。

三、培养孩子主动求助的意识

当孩子能够判断哪些情况需要向人求助时，家长就可以进行引导了。家长可以通过示范让孩子了解怎样向人求助，如"能不能帮妈妈一个忙？"让孩子了解到大人原来也有无助的时候。当孩子向你发出求助信号时，家长一定要有求必应，绝不可以挖苦讥讽。同时，可以提供给孩子一些求助的途径，如怎么找老师求助、怎么报警、怎么拨打心理热线等。

32. 怎么与不好相处的人 拉近距离？

"哎呀，好烦呀！老师把我和我们班一个最难相处的人分到了一个学习小组。怎么办呢？"果果一边吃饭，一边向妈妈抱怨。

"这有什么难办的，就跟人好好相处呗！"

"都说了，他不好相处，请问该怎么相处？"果果白了妈妈一眼。

"怎么个不好相处？你们之间有矛盾？"

"那倒也不是，就是从来没有打过交道。"果果想了想说。

"那就从现在起，好好相处就好了啊！"

"同学们都说他很'高冷'，不太合群，而且看起来我们就不像一路人。"果果还是一脸担忧。

"小孩子家家的，哪来的那么多事，别忘了，老师给你们分组，是让你们好好学习的，不是交朋友的！"

"照你这么说，我自己也能好好学习，为什么要分组呢，这不是多此一举吗？"果果反问。

"这个……让你们有问题互相讨论呗！"

"真是话不投机半句多！"果果丢下一句话悻悻地走了。

"别没事找事，给我好好听老师安排！"妈妈也气得摔了筷子。

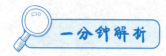

很多时候，孩子提出问题是希望得到家长的帮助，但有些家长为了**掩盖**自己的无能为力会把问题一脚踢开。就像"小剧场"中的妈妈一样，不但没能为孩子答疑解惑，还给孩子扣了个大帽子——"事多"。

孩子非常看重友谊，希望和身边的人都能相处融洽，但这对他们来说并不容易，至少不像家长以为的那样，只要好好学习，有话好好说，就能做到和平相处。有的孩子天生自带一种"生人勿近"的气场，在周围的人看来，他就像一个社交"深坑"，让人不知该怎么亲近。

其实让孩子产生社交抗拒的往往不是对方的"高冷"气场，而是很难期待"高冷"的人会主动抛出橄榄枝。这就让人犯难了。如果孩子不是一个"社牛"，就会考虑很多问题，如我主动打招呼会遭到拒绝吗？我主动和人家亲近会招致反感吗？

孩子的顾虑不无道理，不过往往看上去越"高冷"的人，在了解后越热情，他们往往因为擅长某件事而得到大家的敬仰，让人产生不敢随意冒犯的感觉。所以，孩子们还是需要一点勇气，家长这时可以运用某些方法帮助他们。

一正老师有话说

"为什么不主动一点呢？"

当孩子不得不与人拉近距离，却又不知道怎么开始时，家长学会说以下三句话，可以帮助孩子打消顾虑。

一、"为什么不主动点呢？"

"他是对所有人都'高冷'，还是只对你'高冷'呢？"让孩子想想对方为什么难以相处，如果他只是对自己一个人"高冷"，是不是两个人发生过误会；如果对所有人都"高冷"，可以让孩子主动些。

二、"为什么不和那么好的人做朋友呢？"

如果对方对所有人都"高冷"，那么他可能在某个方面特别优秀，家长可以鼓励孩子去发现和了解对方的优秀。家长可以这样说："那么好的人，如果能成为你的朋友该多好啊！"

三、"你永远无法迎合所有人，做自己就好。"

家长也应该让孩子知道这样一个真相，即一个人永远不可能让所有人都喜欢自己，不能因为别人不喜欢你就对自己丧失信心，畏首畏尾。既然无法迎合所有人，那就做自己。

33. 孩子心事重重，避而不谈怎么办？

亲子小剧场

"果果，一会儿陪妈妈去趟超市吧！"自从果果上了初中后，妈妈发现她好像变了一个人，变得不爱说话，不和爸爸妈妈亲近，还总喜欢把自己一个人关在房间里。

"我不想去！"果果淡淡地回应道。

"妈妈请你喝你喜欢的奶茶哦！"

"还是不去了吧！"连最喜欢的奶茶都打动不了。

"请你看电影呢？"妈妈抛出最后一个诱饵。

"不去啦！"

"你是不是有什么心事？"妈妈失望地问道，"有心事要跟妈妈说，这世上妈妈是最爱你的人！"

"你好烦，我只是不想出门而已！"果果嚷嚷着。

"你肯定有事，你就不能跟妈妈说说吗？"妈妈急得直跳脚。

"我没有事！"说完果果咣当一声关上了房门。

"你是不是谈恋爱了？还是跟不上课了？还是和同学闹矛盾了？你倒是说说啊，你急死妈妈了！"妈妈终于情绪失控了。

　　任何家长都看不得孩子愁眉苦脸、心事重重的样子，怕孩子受了什么天大的委屈。不过，最让家长抓狂的是，你跟在屁股后面一个劲儿问，孩子却什么也不肯跟你说。"孩子长大了，跟我不是一条心了！""她再也不是我的贴心小棉袄了！"这种失控感和失落感往往大于对孩子的担心。

　　家长要知道，任何人都会有自己的烦心事，家长也不会把每个烦心事都说给孩子听，不是吗？当孩子心情低落时，家长应该让孩子自己去消化和调解。也许过个两三天，孩子把事情想开了，心情就转好了呢？家长要做的就是随时留意孩子的动向，不做粗心的家长。

　　如果孩子长期心情低落，又不肯跟你沟通，父母就要当心了。这时，父母可以先向学校、周边的人了解下情况，再尝试跟孩子沟通。沟通时，不能把孩子当小孩，用训诫的口吻，应该与孩子平等相待，像朋友一样交流，做心理疏导。只有这样，孩子才能对你敞开心扉。一次平等的对话，甚至会影响孩子性格的形成，以及他日后的行事风格。

"你一定很难过，妈妈会一直陪在你身边……"

孩子到了叛逆期，有了自己的小心思，就会闭起嘴巴，不再跟父母诉说心事。父母强硬逼迫，孩子只会把嘴巴闭得更紧，不如掌握以下沟通方式：

一、理智型沟通，隐藏自身的焦虑

"有了烦心事也不要紧，妈妈相信你会自己调整好心情的，如果你需要，妈妈随时在。"人的情绪是会传染的，家长很容易因为孩子的情绪低落而焦虑，所以家长应该隐藏好自己的焦虑，让孩子觉得事情没有那么严重，也并不可怕。

二、理解型沟通，赢取孩子的信任

"虽然不知道在你身上发生了什么，但妈妈知道你一定很难过，妈妈会一直陪在你身边……"孩子需要的不是家长的刨根问底，而是理解和宽容。要允许孩子有情绪，也要给孩子一点私人空间，这样才能赢取他的信任，提供沟通的可能。

三、求助型沟通，寻求他人的帮助

"有什么话不想跟妈妈说的，可以跟 ×× 说说……"当孩子长期情绪低落，始终不肯跟家长沟通时，家长可以适时**寻求场外**

帮助。比如，向跟孩子走得近的亲朋好友求助，或者向值得信任的老师、心理医生求助等。

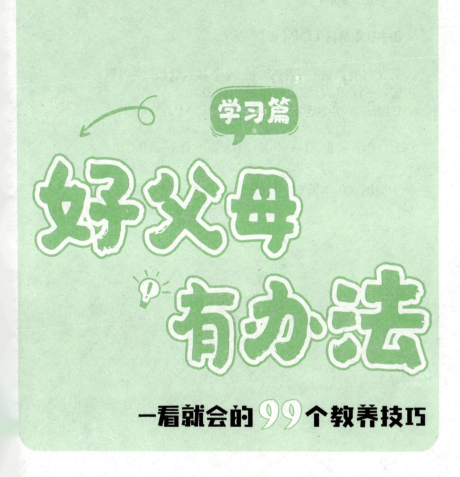

学习篇

好父母有办法

一看就会的 99 个教养技巧

一正 / 著

辽宁人民出版社

© 一正　2024

图书在版编目（CIP）数据

好父母有办法 : 一看就会的 99 个教养技巧 . 学习篇 /
一正著 . — 沈阳 : 辽宁人民出版社 , 2024.5
ISBN 978-7-205-11071-0

Ⅰ . ①好… Ⅱ . ①一… Ⅲ . ①家庭教育 Ⅳ . ① G78

中国国家版本馆 CIP 数据核字（2024）第 067037 号

目 录

第一章　作业辅导

让每一个陪读的夜晚更和谐

1. 辛苦陪着写作业，孩子却一直"唱反调"

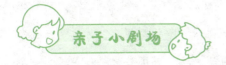

亲子小剧场

放学一进门，小如正要换鞋，妈妈的声音就响起来了："赶紧换鞋去写作业！"小如撇撇嘴，一声不吭，走进卧室。

等妈妈几分钟后过来一看，小如呆坐在椅子上，书包都没打开，不禁皱眉道："你怎么不动？赶紧把作业拿出来。"小如用力拉开书包拉链，拿出语文课本和笔记本。

妈妈问："今天都有什么作业？"小如摊开笔记本给妈妈看记的作业，没好气地说："就这些。"妈妈接过一看："先写数学作业吧，把你的课本和作业本拿出来。"小如不动。

"你这孩子，愣着干啥呢？"妈妈说。

小如说："我想先写语文作业。"

妈妈说："不行，背课文、阅读这些作业太耗时间，又不用交，吃饭前先把其他作业写完，吃完饭再做这些。"

小如撅着嘴不乐意地说："我就喜欢语文作业，我想先阅读。"妈妈声音一下提高了："你怎么这么不听话？说了等会儿写，又不是不写！"小如气呼呼地把数学课本掏出来摔在桌子上。

妈妈看到小如摔课本，火气腾地一下上来了，她深呼吸，缓了缓才说："打开作业本。"小如摊开数学作业本，拿起笔，但就是不写一个字。这下妈妈再也忍不住了，大声说："你到底想干什么？我白天上班，晚上还得辛苦陪你写作业，你这是什么态度？"见妈妈发火，小如撇过头，手使劲攥着笔，抿着嘴，就是不说话。妈妈气得转身出去了。

 一分钟解析

说起孩子写作业不配合这种情况，每个家长都能倒出一肚子苦水，下班了谁不想歇会儿，辛苦陪孩子写作业，他们还各种"唱反调"。明明按照自己的安排能用最短的时间完成作业，他们自己也能早点写完早点放松，可人家就是不听！

家长安排孩子写作业，主要是想让孩子早点做完早点休息，却忘了作业到底是谁的。作业是老师给学生安排的，自然是孩子的，既然是孩子的作业，那他们是不是该享有更多的自主权呢？什么时候做，先做什么后做什么，是想赶紧做完作业休息，还是想慢慢来，享受做作业的过程。毕竟作业不全是负担，有的作业孩子们还挺喜欢的。就像小如特别喜欢阅读，对她来说，语文作业就是一种乐趣，她当然想先做这个。可妈妈不听她的意见，硬是要她先做别的作业，小如很生气，故意不配合，结果引发一场亲子冲突。

孩子在慢慢长大，逐渐形成独立的自我意识，他们渴望自己的事情自己说了算，而不是全听家长的安排。写作业本来是自己的事，可家长横插进来，直接安排好了一切，孩子会觉得不被尊重，产生抵触情绪。比如孩子可能想进门先休息十分钟再写作业，还没说话家长就催了，孩子肯定还没开始写就烦了。就算孩子表达了自己的想法，也会被家长直接忽略、拒绝，这个时候，他们心里只剩下了烦躁、反感，还能做什么？只能"唱反调"了。

其实，孩子做作业时"唱反调"，并不是故意逆反，而是为了告诉大人，他们也想有主导自己事情的权利，也希望家长能听听他们的心声。家长可以多关心孩子的心里是怎么想的，理解他们，而不是简单地认为孩子是在故意跟自己作对。

怎么写作业，"给方案"不如"提建议"

陪孩子写作业，孩子故意不配合怎么办？家长可别急着跟孩子杠上，好父母有办法，三步让孩子乖乖配合，一起试试看。

一、先听听孩子怎么说

孩子们自己心里也有主意，家长可以鼓励他们说出来，尊重他们的想法。比如放学回家，先问问："你是想先写作业，还是先吃个苹果？"或者"这么多作业，你想先做哪一部分？"这样，孩子会觉得自己被重视，他们的选择也很重要。

二、尊重孩子的决定权

家长可以告诉孩子父母只是建议，最终决定权在他们自己手里。作业说到底是孩子自己的事，家长是辅导者，不是主导者。可以给孩子更多的自主空间，允许他们以自己的方式完成作业。比如跟孩子一起定个大概的时间表，具体怎么做，孩子说了算。如果孩子的安排不太合理，家长可以提出自己的想法，但要强调这只是个建议，最后决定权还是在孩子手里。

三、懂得放手，让孩子自己总结反思

家长可以鼓励孩子自己想办法安排作业，这比一味给他们方案更有意义。如果孩子把做作业的时间安排得不太妥当，导致睡得晚或者作业没做完，事后引导他反思总结，找到问题所在。如果孩子安排得好，那就得大大表扬一番，夸他们会合理安排时间，这样孩子写起作业来就会变得合作多了，对抗少了。

试试这三步，你会发现，陪孩子写作业也能变得轻松愉快。

2. 这么简单的题都不会，怎么笨成这样？

亲子小剧场

眼睁睁看着小伟在"5×3 ＝"后面写下一个"35"，爸爸觉得自己的血压一下就升上去了，压着火气开口道："你再好好看看，应该等于几？"小伟看着爸爸黑了脸，讷讷地说："30？"

爸爸："你给我背一遍乘法口诀表，从一五开始。"

小伟："一五得五，二五一十，三五……"

爸爸声音抬高："三五多少？"

小伟打了个哆嗦，努力翻着眼睛回想："三五……"结果眼睛都快翻到天上去了，也没说出来。爸爸一下子就怒了，拍着桌子说："这么简单你都不会！"小伟哇的一声就哭了。

闻声赶来的妈妈看着这父子俩，叹口气，把一脸怒气的爸爸赶了出去，安抚小伟半天，小伟终于不哭了。

妈妈接着柔声说："咱们昨天还能背下来乘法口诀是不是？你给妈妈从头背一遍好不好？"小伟点点头，从头背了一遍。

刚背完，在门口偷听的爸爸就进来了："你这不是会背吗？你再看看那道题，五乘三等于多少？"小伟抖了抖说："五三，五三，五十三？"

哐的一声，爸爸摔门而去。

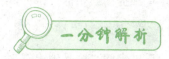
一分钟解析

家长们看着孩子做作业的样子，一个个心里直冒火，这么简单的题都不会，这孩子的智商到底遗传谁啊？他的脑子到底在想什么？

可是孩子真的天生那么笨吗？其实也未必。比如小伟，明明在妈妈的柔声鼓励下可以把乘法口诀完整背对，可面对爸爸的大黑脸，就吓得一问三不知了。

事实证明，孩子在压力下，大脑容易"卡壳"。这不是智商问题，而是因为焦虑和紧张情绪造成的认知水平短暂下降。就像我们大人在大庭广众之下演讲，一紧张也会忘词，明明都记得的东西怎么也想不起来，大脑一片空白。

孩子的反应速度本来就有限，家长脸色一沉，压力瞬间扑面而来。很多家长自己可能没感觉语气有多凶，甚至还刻意压低了音量，但是反问的话、吓唬的字眼都会令孩子感到害怕和焦虑。比如："这你都不会？""六乘六怎么就等于六十六了？""你再说不出来，就别叫我爸了！"

爸爸妈妈是孩子最在乎的人，忽然这么凶，孩子很难不紧张，生怕答错了挨批评。这样一来，越是害怕出错，孩子越可能弄巧成拙，大脑完全停转，什么都想不起来，只能蒙了。

更何况，人的记忆是有连贯性的，单独提问其中的一部分，或者倒着提问，一时间反应不过来很正常。比如对"举头望明月"的下一句，大家张口就能说出来，反过来问"疑是地上霜"的上一句，却需要停下来思考两秒才能作答。

有些问题看似很简单，但这个简单是对大人而言的，对孩子来说就不一定了。比如"五乘三等于多少"这个问题既是从乘法口诀中单拎出来问的，又不是按照"三五"的正序问的，孩子自然需要时间来好好想想才能答对。这时候，家长的鼓励与耐心很重要。

如果家长辅导作业的时候脾气急躁，孩子的自信心真的会一点点减少。一做作业就心里发怵，再简单的题目对他们来说都变成难题了。

接纳孩子，鼓励孩子，孩子的心态比作业更重要

简单的题孩子也不会怎么办？家长可别一上来就说孩子笨，他们只是反应慢而已。

一、接纳孩子

孩子的思考节奏、反应速度都和我们大人不同。明白了这一点，家长才能从心底接纳孩子的独特性。只有打心底接纳了孩子，辅导作业的心态才会平和。

二、鼓励孩子

每个孩子都希望得到父母的认可，而不是面对父母的怒火。孩子想不出来，适当给个提醒就好，语气温柔，音调放缓，微微含笑。可以这样说：

"宝贝，这里你再仔细想一想，好不好？"

"不着急，慢慢来，爸爸知道你会的。"

"还记得你昨天背的诗吗？从头想一想。"

鼓励的语言和耐心的态度能增强孩子的自信心，减少他们的焦虑感。

三、重视孩子的心态

不管是接纳还是鼓励，家长最终的目的是营造一个轻松和谐的写作业氛围，让孩子在毫无压力的环境中学习，保持良好的心态，这一点比完成作业更重要。

3. 一道题讲了无数遍，就是学不会

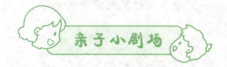

亲子小剧场

爸爸边写边讲："一盘元宵，吃了一半，还剩 3 个，问一共煮了几个？是不是一共煮了 $3 \times 2 = 6$ 个元宵？"

铭铭茫然地眨眨眼。爸爸想了想道："咱们换一种方法，假设一共煮了 x 个元宵，列个方程式……"

铭铭越听越糊涂，打断道："老师没讲过方程式。"

爸爸被憋回去，忍不住提高音量："画图！画个图总行了吧，你看画一个圆，表示所有的元宵，涂黑一半是吃了的，剩下这一半空白的是没吃的 3 个……"

"爸爸，元宵是白色的，不能涂黑，黑了就不能吃了。"铭铭说道。

"别给我打岔！你就说，是不是涂黑的这边和白色的这 3 个各占一半？"爸爸生气地大声说。

"是。"铭铭小声说。

爸爸："所以，一半是 3 个，一共煮了几个元宵？"

铭铭："4 个。"

"怎么会是 4 个呢？"爸爸忍不住捶着桌子喊道。

"3 个白的加上 1 个黑的，是 4 个……吧？"铭铭不确定地开口。

"3个是一半！黑的是另一半，谁告诉你黑色的是1个了？"爸爸气急败坏地吼道。

铭铭一看爸爸发火了，赶紧改口："爸爸，你别急！是2个。"

爸爸一下子站起来："你别喊我爸，我没你这样的孩子！一道题讲了快一个小时了，你到底在想什么？"

多少家长在给孩子讲题的时候崩溃，一道题变着法儿讲了无数遍，孩子就是学不会，中间还总是插话，完全不按家长的思路来，真能把人气哭。

其实，孩子在学习上遇到难题是很正常的。像刚接触的公式、新学的单词，都是陌生的，不可能马上掌握得很好，需要一个适应的过程，写作业就是这个适应过程。如果孩子都学会了，也就不需要辅导作业了。

孩子遇到难题、脑子转不过弯，可能是家长的讲题思路孩子跟不上，或者说话太深奥，孩子听不懂，重复再多遍也没用。就算变换了一两种方法，也没找到适合孩子的。比如铭铭爸爸，又是解释，又是列方程，又是画图，结果直接说解题步骤铭铭跟不上，方程式老师还没有讲过，铭铭也完全听不懂。对我们大人来说，这些方法都很简单，但已经超出了孩子的认知。用这些方法讲题，一个难题还没解决呢，又有新的知识加进来，孩子更晕了。

在讲题过程中，有的孩子总喜欢打岔，这是因为孩子的思维很发散，并不会只聚焦在眼前这道题上。在大人看来，他们的关注点总是奇奇怪怪的。比如汤圆是白色的，不能涂黑。再比如，天平上有 6 个球，拿掉 1 个，剩下几个？孩子立马会觉得天平要倒了，一个球也剩不下，而不会去做简单的减法计算。可试卷不是脑筋急转弯，一些题孩子本来应该会的，但就因为想得多，简单的题倒变得复杂了。

情绪压力也是家长讲题孩子听不懂的一大原因，有的家长讲题一开始态度还很柔和，过一会儿就不耐烦了，一道题讲解超过五遍音量会提升一倍，超过十遍都开始动手了。这种情况下，孩子的心理压力会影响他们的注意力和记忆力，一边学习一边还得担心挨打挨骂，更学不会了。

耐心＋方法，让孩子快速破解难题

一道题讲了无数遍，孩子还是没学会，家长先别崩溃，你越急，孩子越怕，方法用对了孩子很快就会懂的。

一、给孩子讲题，考验的是家长的耐心

深呼吸，提醒自己，发火解决不了问题，孩子已经碰上难题了，我们不能再让孩子难上加难。如果感觉气氛不对，孩子开始紧张了，先停下来，中场休息。起来喝口水，给孩子削个苹果，等大家都心平气和了，再重新开始慢慢讲。

二、讲题要注意方法

越贴近现实孩子越好理解，比如用实物举例，孩子一看就明白了。讲题的时候，不能用孩子没学过的知识讲题，家长说话更不能太深奥，简单幼稚的语言孩子更喜欢。

三、试试费曼学习法，让孩子给你讲

有时候换了好几种方法都讲不明白，可能是因为家长压根没明白孩子不懂的点在哪里。不如反过来，把主动权交给孩子，让孩子解释这道题，这样既能帮他们理顺思路，我们也能听出来孩子到底卡在哪里了。这其实是应用了费曼学习法，这个方法的

精髓就是给别人讲。这个方法不只能用来辅导作业，孩子学到任
何新知识，家长都可以当个"学生"向孩子提问，让孩子用自己
的话来讲解，把新学到的知识再消化记忆一遍。

4. 写个作业，不是 抓这儿就是挠那儿

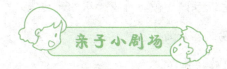

亲子小剧场

妈妈坐在书桌后面的床边，看着小米的背影，眉头皱得都快能夹死一只苍蝇了。已经过去半个小时，小米的作业本上才写了三行字。

一开始，妈妈在后面低头玩手机没注意，直到窗外有飞机轰鸣的声音，抬头看去，才发现小米一直看着窗外不写作业。于是咳嗽了两声，做出提醒，小米立刻低下头接着写。妈妈放下手机，专心盯着小米。结果越盯越生气，只见小米一会儿挠挠头，一会儿摆弄一下相框，一会儿看看窗外，还自以为没被发现地往嘴里塞了一块糖，小动作实在太多了。

终于，在小米又一次打开铅笔盒拨弄笔的时候，妈妈坐不住了，一下子大声道："你干啥呢！"小米吓了一跳，啪的一声关上铅笔盒，也不敢回头，马上装作努力的样子，把笔停在离作业本一厘米的地方虚写着。见妈妈不再说话，悄悄松了口气。

可还没过去五分钟，小米就又装不下去了，觉得后背痒痒，挠了一下不解痒，又继续挠。忽然耳边传来妈妈压抑的声音："你后背长虱子啦？用不用我给你挠挠？"

"不用，不用。"小米连连摆手。

"赶紧写！"妈妈指着作业本吼道。

正在剑拔弩张之间，"吃饭啦！"爸爸的声音从外面传来。小米立马站起来就往外跑。妈妈在后面气急败坏地说："等会儿吃完饭，你再这样，看我怎么收拾你！"

孩子写作业不专心，家长如果只会训斥、打骂，时间一长，反而会让孩子越来越皮，怎么说都没用了。遇到这种情况先别着急，弄明白孩子的情况才好对症下药。

根据儿童发展研究，不同年龄段孩子的专注力是不一样的。越小的孩子越容易分心，因为他们的大脑还在发展中，自制力和专注力都不强。比如低年级的小学生，能静静地坐下来写 20 分钟作业就很不错了，中途分心完全正常。

如果作业是孩子感兴趣的，比如做手工、看科教片，他们还能专注得久一点。但那些抄写、背诵的作业就不怎么吸引人了，孩子不感兴趣，自然坐不住。就像有人不喜欢足球，让他们看比赛，五分钟就急着走人了。

所以，家长得注意，别强求孩子非得一口气写完所有作业才能动。一直被强迫做不喜欢的事，孩子对作业的反感会越来越强，还容易疲劳，注意力就更难集中了。

除了作业本身枯燥，桌面上花里胡哨的东西太多，也会分散孩子的注意力。比如零食、水杯、课外书等，跟作业形成鲜明的对比，任谁写作业写不下去的时候，都忍不住想去摸摸看看。比如小米，一会儿摆弄相框，一会儿拨弄铅笔盒，孩子很难抵挡这些诱惑。

家长的行为有时候也会打扰孩子。比如，孩子在写作业，家长在旁边玩手机，偶尔笑一声，孩子肯定会被吸引注意力。再或者，总共写了半小时作业，中间一会儿妈妈进来送个水果，一会儿爸爸进来说句话，或者孩子答错了一道题，陪着写作业的家长立马敲敲桌子提醒，一来二去，被打断这么多次，孩子怎么专心写作业呢？

一正老师有话说

排除干扰，培养专注力，孩子写作业不溜号

怎么让孩子写作业更专心一直是令家长头疼的问题。两大妙招，轻松让孩子写作业不溜号。

一、排除干扰

孩子写作业，桌面上除了作业什么都别留。零食、课外书、水杯、摆件这些通通收起来。写语文作业，就只放与语文相关的东西。书桌上也别贴太多贴画，或者用太亮的颜色，简洁的纯色最好。还有个小窍门，蓝色更容易让人保持专注，所以很多学校的桌套都是蓝色的。除了物体干扰，还要排除人为干扰，家长别来回走动或者发出声响打扰孩子。如果孩子写错了，等他们写完了再指出来，水果啊牛奶啊，等休息的时候再给。尽量给孩子一个安静的空间，让他们专心写作业。

二、培养专注力

孩子专注的时间短，家长可以循序渐进，慢慢帮孩子拉长。比如孩子只能专心写作业 10 分钟，10 分钟一过就身子歪歪扭扭，抓这儿挠那儿的。一看孩子坐不住了，家长可以立马开口夸奖："看你刚才专心写了 10 分钟，太棒了！告诉我，你是怎么做到的？"孩子可能会高兴地回答："我只要不动就行了，很简单。"家长可以接着鼓励他们："那你能不能再专心写 10 分钟？10 分钟之后咱们休息一会儿。"孩子高高兴兴地答应了。这样一来，他们就又能坚持 10 分钟，慢慢地，专注力自然会提升。

5. 一点不懂就问，
自己不动脑子

　　小豪在写作业，爸爸在旁边用电脑处理工作。没一会儿，小豪开口道："爸爸，教室的英语单词是什么？"

　　爸爸停下工作，抬头看着小豪："你说什么？爸爸没听清。"

　　小豪重复了一遍问题，爸爸回答："classroom。"

　　小豪低头去写，紧接着又问："爸爸，l-i-b-r-a-r-y 是什么意思？"

　　爸爸把这些字母拼在一起想了想，说："图书馆。"

　　小豪迅速写上，头也没抬继续说："去上课这个词组怎么写？"

　　这一连串问不停，爸爸皱了皱眉，起身走到书桌前，探头一看，这些问题全是作业题，有些生气："我说一个，你写一个，你写作业还是我写作业？"

　　"可是我不会。"小豪身体往椅背上一靠，不开心地说。

　　"不会你就先把书看一遍，学会了再开始写。"爸爸说。

　　小豪噘着嘴小声嘟囔："我不想看，太麻烦了。"

　　爸爸："嘟囔什么呢？赶紧把书拿出来，记住单词了再写作业。"

　　小豪拿出英语课本，翻得哗啦哗啦响。爸爸看了一会儿坐回电脑前，凳子还没焐热呢，小豪的声音又响起来："爸爸，这句话是什么意思？"

爸爸忍不住大声说："你怎么这么多问题！书上写得清清楚楚，自己好好看看。"小豪不说话了，拿着书盯了半天也不翻一页。

一分钟解析

孩子写作业的时候遇到一点不懂的就问，怎么也不愿意自己动脑子，这确实让家长头疼。这个习惯不是一天养成的，家长可以仔细回想回想，是怎么一点点变成这样的呢？

其实，当孩子发现只要张嘴一问，就能得到答案，比自己动脑筋想半天轻松多了，慢慢地，他们会不断重复提问，这属于心理学上的"强化"行为。之后就算遇到自己会做的题目，他们也会条件反射地直接问。就像小豪，单词怎么写，是什么意思，书上都有，可问爸爸的话，不翻书也不用自己记，多省事啊。

家长在这方面也有责任。孩子一问问题，家长就立马回答，不光应声快，还跳过启发、引导的过程，直接给孩子说出答案，孩子把答案一写完事了。可这道题为什么这么做，孩子根本不知道，也懒得去思考，完全是在应付差事。长此以往，孩子的独立

思考能力和自主学习能力会越来越弱。因为他们压根儿没机会自己想办法去解决难题，只会求助。他们也不相信自己能解决，更没有勇气自己去面对。等难题越积越多，孩子会不断受挫，看着这道题也难，那道题也不简单，陷入畏难情绪，这是一个恶性循环，家长得尽早注意。

除了这种情况，还有的孩子提问是想让爸爸妈妈多关注他们一些。特别是那些平时工作忙、难得陪孩子的家长，孩子写作业，自己在旁边不停地刷手机或者处理工作，孩子就会借着提问跟家长多说说话，哪怕是问一些很简单的问题。

鼓励独立思考，帮孩子克服畏难情绪

孩子不停地问，越问越顺嘴，自己完全不动脑筋，怎么办？家长不要愁，三个小技巧帮孩子克服畏难情绪，学会独立思考。

一、跟孩子说好，问题先攒着，写完作业一起问

想到一个问一个，孩子不会觉得自己问得特别多。可要是攒起来一看，哎呀，竟然这么多题目没写，不好交代啊，还是再

看一遍哪些能自己想出来吧。

二、孩子问问题，家长别直接开始讲，先给点提示

比如："看看这个条件，你刚刚想到了没有？""除了这种修辞手法，还有哪些？你对照对照。"一步一步引导，让孩子自己想。等最后说出来正确答案的那一刻，孩子会特别开心，这种成就感能让孩子更喜欢独立思考。

三、及时夸奖孩子的进步，"强化"独立思考

孩子自己想出来的每一点，都是进步，得及时表扬。就算答案不完全对，也得夸他们尝试了。比如："你能想到这一步，真是太厉害了，给你点赞！""虽然没做对，但是你自己尝试了那么久，这种不服输的劲头真棒！"这样可以帮孩子建立起迎难而上的勇气以及独立解决问题的自信。而且，肯定的语气、欣赏的态度，也能让家长和孩子的关系更亲密。孩子感受到关爱，慢慢就不那么害怕难题了，尝到了自己思考的"甜头"，也会越来越愿意自己解决问题。

6. 作业竟然都是抄的，这么下去还得了？

"明天就上学了，你作业写完了吗？"妈妈问道。阳阳两手一摊："写完了，不信你看。"

妈妈走过来，翻着桌面上的作业，明明昨天晚上这几张卷子还是空白的，今天阳阳还找隔壁小志玩了一上午，现在就全写完了，什么时候写的？妈妈一脸狐疑地仔细看，确实都写了，还有两处错别字。

"写了就好，去吃晚饭吧。"妈妈放下卷子，拍拍阳阳的肩膀。

"好嘞！"阳阳一下蹦起来，椅子都被带倒了，妈妈赶紧弯腰扶起来，一边唠叨着："你这孩子，慢点！"

椅子扶到一半，妈妈忽然看见桌子下面的书包里还有一卷试卷，漏出来的那里刚好写着小志的名字。抬头问："小志的卷子怎么在你这里？"

阳阳一把将书包抢过去抱在怀里。妈妈一看这架势就知道有问题，大声吼道："松手！给我看看！"

阳阳发现逃不过，只好松手，妈妈打开卷子一看，跟阳阳的试卷一模一样，连那两处错别字都一样。这还有什么不明白的，开口吼道："你竟然抄别人作业？你搁这儿糊弄谁呢？"

"题太难了，我不会。"阳阳小声辩解。

妈妈见他不认错还在找借口，更生气了，大吼道："不会你还有理了？今天你敢抄作业，明天就敢考试作弊！反了你了！"

阳阳低下头，不再出声。

孩子抄作业，抄答案，用学习机扫题出结果，这些问题的本质都是一样的。很多家长一发现孩子作业是抄的，就着急了，像阳阳妈妈那样，担心孩子今天敢在家里抄，明天就敢在考场抄。其实没必要自己吓自己，训斥打骂也是解决不了根本问题的。

有的时候，孩子抄作业是因为作业实在太多了。孩子写作业写到深夜，连觉都睡不好，一点自己的时间也没有。当他们发现抄作业能快点完成，就抄了。这种情况不能全怪孩子，如果家长发现孩子班上其他同学都写作业到很晚，那就是学校留的作业太多。这时候，班里有同学抄作业，孩子就会跟风，你做数学，我做英语，然后相互抄。

还有一种情况，是孩子为了得到表扬或不挨批评而抄作业。有些孩子自尊心特别强，老师如果一直表扬作业写得好的孩子，他们就会通过抄答案、扫题、抄学习好的同学作业，让自己也得到表扬。又或者家长检查作业的时候，一发现错误就对孩子一顿批评，孩子为了不挨训，也会抄作业。

最后这种情况才是最令家长担心的，孩子抄作业纯粹就是在偷懒，耍小聪明，觉得写作业太麻烦，心里只想着玩。被家长发现后，还找各种借口，不愿意承认错误。比如阳阳，一会儿说作业太多了，一会儿说作业太难了，有时间去找小志玩，没时间在家写作业。这时候，家长会非常着急，担心孩子这么下去就废了。这类孩子多半对学习提不起兴趣，觉得做作业就是个苦差事。这可能跟孩子平时的学习环境、家长的教育方式，还有孩子自己的性格有关。比如，家里学习氛围不浓，或者家长太严厉，孩子感觉压力很大，慢慢对学习就没啥兴趣了。或者孩子本来就比较贪玩，容易分心，做作业感觉特别痛苦，就去抄了。这类孩子也意识不到抄作业有什么严重的后果。

一正老师有话说

摸清孩子动机，具体问题具体分析

发现孩子抄作业，家长先别急着给孩子"定罪"，摸清楚孩子抄作业的动机，才能灵活应对。

一、作业太多孩子抄作业

家长要先理解孩子的压力，跟孩子的老师沟通一下，看能不能减轻一些作业量。如果老师那边不好协调，就教孩子怎么合理安排时间，先做重要的，或者是自己不太懂的科目的作业。确实对学习帮助不大的作业可以舍弃。

二、孩子为了得到表扬或者怕被批评才抄作业

家长得让孩子明白，只要是自己认真完成的作业，做错了也没关系。如果孩子自尊心特别强，也别直接拆穿孩子，假装没发现，让孩子给你讲讲作业题。孩子为了不露馅儿，会努力把作业题都学会，等着你提问，哪怕一开始是抄的，现在也学会了。

三、孩子就是偷懒才抄作业的

这个就得家长严肃处理了。首先表明态度，明确告诉孩子，抄作业是绝不容许的，错了就是错了。然后跟孩子好好聊聊，让他们懂得抄作业为什么不对，会有什么严重的后果。适当的惩罚也是需要的，比如让孩子写保证书，或者把作业重写两遍。如果情况真的很严重，可能还得家长和老师一起来帮孩子改正。

当然了，这些办法虽然能暂时阻止孩子抄作业，但想让孩子真的喜欢上学习，还得家长多下点功夫。可以试着找些孩子感兴趣的学习材料，比如有趣的视频，或者一起做些实验、手工，让学习变得好玩起来。或者设定小奖励，作业完成可以带孩子去他们喜欢的地方玩。慢慢"强化"正向的行为，一点点扳正孩子对作业的态度。

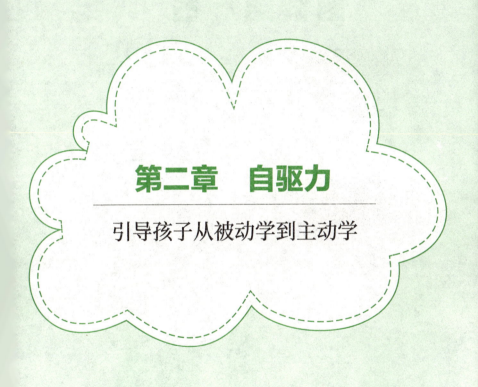

第二章　自驱力

引导孩子从被动学到主动学

7. 干啥啥不行，
偷懒第一名

亲子小剧场

"老师留的抄写作业，写两遍就把两支笔握在一起写，写三遍就把三支笔绑在一起写。还不知道从哪儿找来了复写纸，垫在下面，写一遍能出两遍。要是写错了，就用修正液把错的那一笔涂掉，绝对不会把整个字涂掉重写。哪怕是数字'3'写成了'8'，也只会把'8'的左半边涂白，坚决不多涂一下。做数学题也是，能口算就不列竖式，明明自己的口算能力也不强，非得翻着白眼在那儿想，也不知道能想出来个啥。厚厚一沓草稿纸，一学期了，也没用两张……"

一提起壮壮，妈妈真是一肚子的槽点，不吐不快，这孩子是真懒啊！

"你说这孩子我是真看不懂，各种偷懒小技巧跟不要钱一样往出使，关键很多也不省劲啊，把这点小聪明放到学习上，早就得满分了，却全耗在偷懒上。"妈妈喋喋不休。

"别把孩子逼得太紧，劳逸结合嘛！"爸爸在一旁和稀泥。

"快别跟我提劳逸结合！人家那是劳了一小时，逸上十分钟，你儿子这是劳了十分钟，他能逸上一天！连背课文都是躺着背的，更别说平时使唤他干点家务了，跟个大爷似的，往沙发上一瘫，年纪轻轻就光想着享受了，愁死我了，以后可怎么办啊！"

"你别气了，等我说说他，他去哪儿了？"爸爸说。

"还能去哪儿？屋里睡觉呢！"妈妈没好气地说。

一分钟解析

　　孩子学习上变着法儿偷懒，平时也不勤快，让很多家长一想起来满腹怨气。这种情况很可能跟孩子本身的心理健康有关，比如孩子因为注意力缺陷与多动障碍、抑郁或焦虑等问题，表现得对什么都不感兴趣，很懒散。但这只是极少数情况，大多数孩子其实是缺乏学习动力。

　　有些家长认为孩子天生就懒，但事实上，真正懒惰的孩子是不会想方设法偷懒的，他们会直接甩手不干，怎么说都不干，因为懒得动脑筋。而像壮壮这样的孩子，偷懒要花费的精力有时候比正常学习还多，只是不愿意把力气用在"正道"上。背后的原因是这类孩子还不明白学习的重要性，不知道自己为什么要学习，他们只是把学习任务当作一件苦差事，总想着尽快敷衍过去。

　　另有一些孩子今天勤快，明天懒，这是典型的缺乏自律，俗称管不住自己。他们经常立志，刚立好目标的时候就跟打了鸡血一样，可没新鲜两天就坚持不下去了，开始想各种办法偷懒。

就像很多大人也会立志学一门外语，立志考一个证书，又经常半途而废一样。

至于家务方面，家长抱怨孩子在家十指不沾阳春水，或许并不是孩子一开始就懒，而是家长告诉他们把学习顾好就行，其他什么都不用干。久而久之，孩子养成了习惯，东西掉在地上都不捡，家长又立马跳出来指责孩子懒，还当着孩子的面，在亲戚朋友面前说他是个懒孩子，给孩子贴标签。慢慢地，孩子也会认为自己就是懒，然后破罐子破摔，更不努力了。

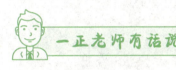
一正老师有话说

孩子懒不懒，家长"说"了算

很多孩子的懒并不是真正的懒，家长别一上来就给孩子定性，换句话说，孩子不会成为你心里希望的样子，而是你嘴里什么样，孩子就是什么样。

一、家长别给孩子贴标签，要看到孩子的勤快

孩子学习了半小时，休息了半小时，要看到并肯定前面那半小时的辛苦，给孩子正向反馈，让他知道你明白他的努力，而不是只盯着后面半小时的"懒"。

二、让孩子学会负责任

孩子也是家里的一分子，学习更是孩子自己的事。所以，不管是做家务还是学习，孩子都该担起自己的责任。家长可以跟孩子谈一谈，让孩子明白为什么要学习，为什么要做家务。放手让孩子自主决策，引导孩子在承担责任中获得个人价值感。

三、培养孩子的自律能力

教会孩子合理作计划，把大计划分解成小步骤，一点一点努力。任务别太重，不然孩子做不到容易灰心放弃。事后让孩子复盘计划完成情况，吸取教训。家长如果能做好表率会更有说服力，自己经常半途而废，怎么要求孩子坚持呢？

四、注意孩子身心健康

如果怀疑孩子有心理健康问题，尽快寻求专业的心理咨询或医疗帮助。

8. 啥事都靠别人安排，
自己半点主见也没有

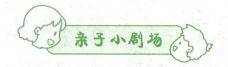

亲子小剧场

　　丽丽妈妈一大早就开始忙碌了，催着丽丽起床、刷牙、洗脸，赶快吃早饭。丽丽刚起床脑子还蒙蒙的，妈妈的声音已经开始不间断地响着。语气里透着满满的焦急和埋怨。

　　吃完饭，丽丽呆坐在椅子上看着妈妈进进出出地收拾。

　　"你这孩子愣着干啥呢？还不赶紧换衣服、穿鞋，该出门了！"听到妈妈的指令，丽丽跳下椅子，去换衣服。可刚换好出来，妈妈的不满声音又响起来："你这穿的什么，去换那件红外套，穿上运动鞋。"

　　"哦！"丽丽没有反驳，立马返回卧室换衣服，只想尽快出门上学，远离这些唠叨。

　　不过，同样的一幕，晚上依旧会上演。放学一进家门，"赶紧放下书包去洗手，洗完手自己先写作业，妈妈去做饭。"伴着妈妈一连串的指示，丽丽往卧室走去，最后听见妈妈问道："晚饭你想吃什么？"

　　丽丽没什么想法，反正说了妈妈也会否定自己，于是她说："随便。""随便！随便！你这孩子怎么一点主见都没有。"妈妈唠唠叨叨地去做饭。

　　饭桌上，妈妈继续唠叨："一会儿写完作业就收拾书包，明天上英语、数学、美术、语文，带好课本和作业，然后去洗脸刷牙，上床睡觉。"丽丽一脸麻木地说了句"哦"，又惹来妈妈一顿牢骚。

一分钟解析

孩子不听话，家长一肚子火气；孩子很听话，家长还是一脸愁容。这孩子一点主见都没有，每天跟个机器人一样，只会听指令办事，不给指令，就不知道干啥，这可怎么办呢？

这种情况真不怪孩子，哪个孩子没有经历过叛逆阶段，两三岁就开始学会说不了，让干啥不干啥，为什么长大了反而没主见了呢？其实是因为家长什么都替孩子安排好了。就像这位丽丽妈妈，从孩子起床到晚上睡着，穿什么衣服、写什么作业、带什么课本，这样细微的事情都替孩子包办了，丽丽完全没有自己做主的机会。

这种做法，慢慢地会培养出两种孩子：一种是内心叛逆，以处处跟家长作对的方式来宣示自己的主权；一种就是像丽丽一样，完全没有自己的想法，得过且过，反正啥都有人安排好了，不用自己操心，没啥大不了的。

除了没机会自己做主，有时候孩子发表了意见，也会被家

长自动忽略。比如，家长带孩子去买衣服，说好了孩子自己选，选上哪个买哪个，等孩子选完，不是太贵了不值，就是颜色太白了不好洗，最后还是听家长的。孩子慢慢就麻木了，不管问什么就说句随便，是知道自己发表了意见也不会被采纳，还费这个劲干什么？这时候，家长跳出来指责孩子没主见，孩子也挺无奈的。

部分家长心里觉得很委屈，明明事事都在为孩子着想，衣服不盯着换，天冷了也不知道加衣服，孩子冻感冒了怎么办？课本不帮着收拾就会忘记带，孩子被老师批评了怎么办？这种怕孩子犯错的想法其实就是在阻止孩子成长。

什么是成长？成长就是吃一堑长一智，孩子做错事了，承担后果，下次就知道该怎么做了。如果家长帮孩子承担了一切，孩子怎么成长呢？

适当放权，让孩子更有自主性

孩子没主见，可能不全是孩子的问题。家长可以先从自己身上找找原因，慢慢引导孩子自己做主。

一、小事放手，让孩子自己决定

像穿什么衣服、吃什么早餐，先洗脸还是先刷牙，怎么整理书包等，这些小事就算做错了，也在家长可控的范围内。放手让孩子自己决定可以培养孩子的自主性，也能渐渐让孩子明白，不管是生活还是学习，自己的事情可以自己做主。

二、设定选择范围

如果孩子一开始不习惯自己做决定，或者家长担心孩子乱选不可控，可以先给孩子一个有限的选择范围，比如晚上想吃米饭还是喝粥，买衣服多少钱以下随便选，喜欢哪个买哪个。当孩子自己做出了选择，哪怕这个选择不符合家长的心意，家长也请一定遵从孩子的选择。

三、接纳孩子的错误，鼓励孩子自己承担后果

犯错本身就是成长的一部分，家长不要怕孩子犯错，犯了错改了就行。如果孩子做出的选择造成了不好的结果，让孩子自己承担后果，接受惩罚，努力弥补。比如因为自己粗心没有带上课的课本，被老师罚一次，孩子下次就会仔细对照课表检查书包了，这就是成长。

9. 只要不去学习，
干啥都行

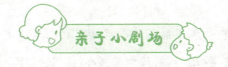

亲子小剧场

参加完家长会回来，小勇妈妈觉得自己的头发都快愁白了。小勇爸爸看她一脸愁容，忍不住问道："怎么参加个家长会成这样了，老师说啥了？"

妈妈无力地说："老师跟我说，你儿子不交作业，上课跟同学说话，宁愿出去罚站也不愿意认真听讲，哪个老师提起他都摇头叹气。"

爸爸一听这话，立马生气地去卧室揪小勇出来，问道："老师说的怎么回事？"小勇低着头不吭声，妈妈在旁边也忧心忡忡地说："儿子，你到底为啥不好好学习，你看看隔壁的小芳，人家门门满分，你呢？门门不及格！这么下去，你以后咋办？"

小勇终于鼓起勇气说道："妈，我不想上学了。"

爸爸在旁边一听这话，立马高声说道："什么？不上学你想干什么？你会干什么？在家好吃懒做吗？"

听着爸爸连串的质问，小勇梗着脖子说道："干什么都行，反正不想上学了！"

妈妈连忙站起身拦住准备发火的爸爸，缓了缓语气问小勇："儿子，你告诉妈妈，为什么不想上学？"

看着妈妈担心的样子，小勇惭愧地低下头，小声说："反正

我也学不会，还不如不去。"

"可是你不去上学，没成年又不能工作，就算以后能工作了，没有学历，哪家公司都不要你，到时候你怎么办？"妈妈接着问。

小勇没想那么多，一下子被问住，不知道说什么了。

看着孩子干啥都兴致勃勃，但一提起学习，立马蔫头耷脑，家长真是无计可施，怎么鼓励，怎么鞭策，孩子都软硬不吃，甚至扬言不去上学了，到底该怎么办呢？

家长要先明白一件事，没有无缘无故的厌学，求知欲本身就是人类天然的欲望，孩子在其他事情上表现得很热情，唯独在学习上不是，大概率是在学习上受了挫。就像小勇一样，学了也学不会。

人们都希望付出了就能得到回报，可孩子在学习上总碰壁，别人一听就懂的事，他得花好长时间，一道题怎么想也想不出来，这就是典型的努力了没有任何回报，孩子心里肯定堵得慌，慢慢地就会产生负面的自我认知，怀疑自己天生就笨，所以学不会。

这时候，如果家长再用隔壁家的孩子、第一名的榜样来刺激他，只会让他更难受，觉得自己不如别人，压力更大了，然后开始逃避学习。咱们大人也是，碰到工作不顺心，也会产生离职的念头。归根结底，这是孩子学习的自信缺失了，不相信自己了，觉得学什么都不行，索性放弃算了。

当然，这也不代表孩子就是笨。学校的教育是一种普及性教育，一个班那么多学生，老师不可能给每个孩子量身定制教学方法。比如，有的孩子适合传统教学，对着书本老师一讲就能学会，但有些孩子更适合实践教学或者其他方法，光看老师动嘴学不会，得亲自动手才行。所以，孩子学不会可能是不适应教学的方法，入不了门，就容易灰心丧气。

一正老师有话说

用成就感帮孩子重拾学习信心

孩子厌学，不想去学校，家长别急，这是孩子学习受挫的表现，循序渐进，一步一步帮孩子找回学习的成就感。

一、家长先降低自己的期待，变一变说话的语气

孩子已经厌学了，别再对孩子说什么负面的话，也别对孩

子施压，鼓励式教育更适合现在的情况。比如："今天上学开心吗？有啥好玩的事情分享一下？""宝贝，成绩不重要，咱们先想想怎么搞定这些错题。"

二、帮孩子找到赢的感觉，不为赢过别人，只为赢过昨天的自己

孩子受挫是因为在学习上总是在输，所以，别老拿难题来磨炼，也别管别人家孩子会啥，先从最简单的基础题开始学，让孩子轻松成功，一发现孩子有进步，哪怕微小到一笔横写得特别直，都要放大了夸，帮孩子把成就感一点点建立起来。

三、用图表记录下孩子的学习成就

准备一张大大的学习进度表或奖励表，就像学校的小红花奖励表一样，把孩子的每一点进步都记下来。今天写作业快了10 分钟，明天多做出来 1 道题，都有奖励。等一个月结束，跟孩子回顾一下这段时间的进步，看着满满的奖励记录，孩子会相当骄傲，原来自己这么厉害，以后学起来更有动力。

10. 看着挺用功，
其实在磨洋工

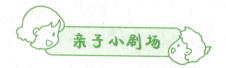

亲子小剧场

妈妈下班一进门，爸爸就开口小声说道：“闺女从回来到现在，一直学习呢，最近可用功了！”“是吗？我看看去。”妈妈欣慰地从门缝里瞅了瞅坐在书桌前的硕硕，忙自己的事情去了。

到了9点，硕硕还没出来，妈妈坐不住了，走进房间问道：“作业还没写完吗？”硕硕抬眼瞅了瞅妈妈，有些心虚地小声说：“还有一点。”

“老师今天都留什么作业了，怎么写这么久？”妈妈一边说着，一边翻看硕硕写完的作业，发现只有2页语文抄写和3道数学题，难以置信地问：“就这么点儿作业，你写了俩小时？”硕硕低头不说话。

妈妈的火气一下子上来了：“作业不赶紧写，琴没时间练，练习卷也没做，你这是想干什么？”硕硕噘着嘴：“我想看电视。”

“正经事都没干完，你还有脸看电视？再给你半个小时把作业赶紧写完，然后罚你做5张卷子，明天放学回来先练琴，把今天的时间补回来！”妈妈连珠炮似的说了一大堆。

这下，硕硕也忍不住了，站起来生气地回道：“白天上课，晚上写作业练琴，练完琴你还有一堆新作业给我，我是人，不是机器!"

"我还不是为你好?现在不抓紧点,到了后面你跟不上怎么办?"妈妈大声说。"跟不上也是我自己的事,你觉得为我好,可我一点不觉得好!"硕硕大声顶撞道。

听见硕硕这么说,妈妈又心痛又生气,留下一句:"我以后再也不管你了!"就快步走出卧室。硕硕说完也有些后悔,但想了想什么也没说。

一分钟解析

孩子坐在书桌前,不一定就是在学习。家长如果看到孩子一反常态,故意磨磨蹭蹭,先别急着生气,想想孩子为什么这么做。是不是像硕硕一样,因为即便做完作业,后面还有一大堆的新任务等着?也难怪孩子会故意磨洋工了。

在职场也是一样,员工工作完成得越快,得到的不是更多的休息时间,而是更多的新任务。如果工资按工作量来计算还好说,员工干起来也有劲儿。可要是固定工资呢?干多干少都一样,久而久之,员工就学会磨洋工了。孩子完成学校的作业,还有家长留的作业,不知道什么时候是个头,倒不如自己写慢点,写到睡觉时间,就不用做其他的事情了。

有的家长担心不给孩子排满时间，孩子就会看电视、玩手机，这样下去就废了。其实没必要这么紧张，每天玩乐半小时孩子不会废，但每天的任务太饱和，孩子肯定感觉非常累，因为没有一点休息放松的时间。慢慢地，叛逆情绪堆积起来，说不定什么时候，就会像硕硕一样爆发出来。

看着孩子"不识好歹"，家长也会很委屈，操这么多心，孩子还不领情。虽然家长的出发点确实是为孩子好，但是就如同硕硕所说的，妈妈觉得好，她自己不觉得，这样会形成亲子对抗，孩子从心里不认同，自然会消极怠工。就算被逼着苦哈哈地完成了任务，每天也会想方设法地磨洋工。

张弛有度，孩子更有效率

孩子故意磨洋工，可能跟学习任务安排得过于饱和有关系，家长可以适当给孩子减负，调动孩子的学习积极性，让孩子主动地、有效率地学习。

一、劳逸结合，适当减少学习任务

别每天给孩子安排那么多额外的任务，上了一天学，孩子也想休息休息。家长可以专门留出一点时间，带孩子做亲子活动，出门散散步，逛逛超市，让孩子换换脑子，放松放松。

二、用孩子最感兴趣的事情作为激励方案

想要让孩子学习更有动力，可以仿照公司管理员工的做法，工作做得越多，质量越好，绩效工资越高。比如，家长跟孩子约定好，完成多少任务量，保证多少正确率，可以看半小时课外书，再多完成多少，还可以看会儿电视。这样孩子学习起来更有动力。

三、允许孩子有自由支配的时间

如果家长担心孩子睡得晚，可以把睡觉时间和学习任务固定好，注意任务量别太满，比如距离晚上 9 点上床睡觉有 3 个小时，大概安排 2 个小时能做完的事情，剩下的时间归孩子自由支配。这样孩子就会为了尽快休息，努力提高学习效率，说不定 1.5 个小时就能做完。这是孩子努力的成果，家长要多肯定，千万不要看见孩子提早完成就说话不算话，安排新任务。

11. 考试的成绩，
赶不上游戏的战绩

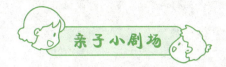

俊俊坐在地毯上玩游戏，边玩嘴里还呼喊："虎子左边！我来掩护，二鹏你上！"主打一个灵活走位，操控全场，最后当然赢得了胜利，看他一蹦三尺高的得意劲儿就知道了。

沙发上的爸爸看不过去了，轻斥道："你给我小声点！"

俊俊满不在乎，一脸开心地跟爸爸分享："快瞅瞅，我们小队的战绩有多猛！"

爸爸看了一眼，故意说："你赢了？别是人家俩人打得好，你就是个凑数的吧？"俊俊立马不服了："一直都是我指挥的好不好！他们都不行！"

看着俊俊一脸的志得意满，爸爸叹口气："你说你玩游戏的战绩这么抢眼，怎么学习成绩就不能比比呢？"

俊俊回嘴道："学习哪儿能跟游戏比，学习一点意思都没有，快看，我要抽大礼包了！啊，是我想要的装备！"

俊俊更兴奋了，爸爸却更生气了："就知道玩！你作业写完了吗？"

"马上，再打一局我就进去写！"俊俊头也不抬地说。

"不行！现在、立刻、马上，放下手机，进屋去！"爸爸严肃地呵斥道。

"我不要！我不要！"俊俊头摇得像拨浪鼓，大声嚷嚷着。

"啪——"爸爸一巴掌打在俊俊屁股上，夺过手机吼道："你再说一遍！"俊俊疼得眼泪都要出来了，拼命忍着，愤怒地瞪了爸爸一眼，进了屋。

一分钟解析

孩子玩起游戏就撒不开手，怎么说都不听，这让很多家长心中焦灼。确实，比起枯燥的学习，游戏显然更有意思。但有趣的事情千千万，为啥孩子们就对打游戏这么上瘾呢？我们来好好分析一下。

一打开游戏，最先看到的就是逼真的画面、鲜艳的色彩、炫酷的特效，再有音效的加持，可比单调的书本有趣多了。但仅仅是这些还不够，不然更吸引孩子的就是看电视了。游戏里会设置各种具有挑战性的关卡，孩子们不停地挑战自己，刷新战绩，提高排名，通关了马上就有奖励，这种肉眼可见的进步和奖励，会让孩子十分开心，就像俊俊抽到他想要的装备时那样兴奋。相比之下，学习是个慢工出细活的过程，成绩一时半会提不上去，家长和老师再天天批评，学习就成了一件苦差事，孩子当然不愿意去做。

再说玩游戏时，小伙伴们会一起组队，此时已经不单单是在玩游戏了，更是在与朋友并肩作战，发展友谊，这种社交环节对孩子们特别有吸引力。因为开心的感觉会因为分享而放大。要知道，孩子们不单单需要家长和老师的认可，也需要小伙伴的认可。

比如，小剧场里俊俊的指挥能力得到了大家的一致认可，带领团队取得胜利。这种认可让孩子感觉到自己是团队的一分子，是被需要的，而不只是一个需要别人帮助的小孩子。可学习的大部分时间都是听老师讲课，自己写作业，跟同学互动的机会少得可怜，课间去个厕所就又该上课了，根本没时间跟同学们一起玩耍。

这些原因都会让孩子放不下游戏，如果家长简单地压制孩子不许玩，很容易引来孩子的激烈反抗，影响亲子关系。

一正老师有话说

堵不如疏，分散孩子的游戏专注力

孩子沉迷游戏，不是简单一句"不许玩"就行得通，家长越不让玩，孩子反而越想玩。堵不如疏，不妨试着帮孩子找到其

他更有意义的事情。

一、了解孩子的真实想法

家长要弄清楚孩子为什么那么喜欢游戏，是因为成就感、认可感、寻求刺激，还是为了交朋友？只有真正理解了孩子的需求，才能帮他们找到替代游戏的方式。

二、发展其他的兴趣，帮孩子找点有意义的事情干

比如给爱运动的孩子报个篮球班，给爱画画的孩子报个美术班，带爱拍照的孩子去旅行等。多样化的兴趣可以帮孩子发现更大的世界，减少对游戏的依赖。哪怕不报班，家长每天晚上带孩子进行固定的亲子活动也不失为一个好办法。

三、给孩子提供新的社交机会

家长可以鼓励孩子参加学校的社团活动，或者带孩子参加夏令营、研学等集体活动，扩展孩子的社交圈，跟朋友进行面对面的社交活动，借此替代游戏中的社交需求。

四、家长自己得做好榜样

如果家长自己也沉迷于手机或游戏，就很难说服孩子放下。做个好榜样，孩子更听劝。

第三章　学习方法

好的方法让学习事半功倍

12. 题刷了不少，
分数却不见长

亲子小剧场

　　费了不少的工夫，宁宁妈妈终于打听到同事家那个次次考满分的孩子，平时做的就是某套密卷，消息一到手，立马下单了全科套装，一口气扛上 5 楼堆到宁宁卧室。自此，妈妈每天下班什么都不干了，陪着宁宁把各科套卷做了个遍。

　　两个月后，终于迎来期末考试，妈妈满怀期待地送宁宁去考场："拿出第一名的气势来！这回肯定行！"在妈妈的鼓励下，宁宁雄赳赳、气昂昂地走进考场。

　　结果，等成绩发下来，宁宁和妈妈都傻眼了，刷了那么多题，怎么分数不长反降了呢？妈妈不甘心地把卷子来来回回翻了好几遍，指着一处红色的"×"号问道："这道题咱们之前做过类似的啊，你怎么没记住啊？"

　　宁宁努力回想了半天说："就出现了一次，后来没见过，我就忘了。"

　　"那这道应用题呢？不就是简单的乘法运算吗？你怎么列了这么长一个式子？"宁宁看了看没说话。

　　"还有阅读理解这儿，问父亲给了主人公什么，不就是橘子吗？你为啥写'沉甸甸的父爱'？"妈妈十分不解地问。

　　宁宁吭哧了半天说："平时做卷子，那些题目都拐着个弯儿在考，我一见这题这么简单，就觉得肯定有诈，揣摩了一下出题人的心思。"

一时间，母女俩都沉默了……

刷题一直是提高成绩的热门方法，但有些孩子题刷了不少，分数却不见长。家长前后跟着忙活一通，又是找资料，又是陪着做，可孩子仍旧难题错、简单题也错，这是怎么回事呢？看看小剧场里的宁宁就知道了。

难题错是因为没记住。一道题，当时弄懂了不代表学会了、能应用了。时间一长，忘了是再正常不过的事，因为少了复盘总结的过程。宁宁在妈妈的监督陪同下，两个月做了大量的题，可真正吸收了多少知识呢？那些做错的题、没记牢的知识点，考试前有没有再回顾一下呢？单纯的刷题不总结，就像考完试不对答案，根本不起任何作用。

简单题也错是因为想得太多。孩子做难题做多了，很容易陷入一个误区：出题人一定是在给自己挖坑。然后抱着这种想法，孩子会小心揣摩出题人的意图，而不是把心思放在题目本身，结果得出各种脑补过度的答案。但现实是，正常的大型考试，大部分题目考的都是学生的基础知识，并不是为了拐着弯去为难学生。这时候，如果对题目过分解读，相当于自己挖坑自己跳。

孩子学习，适配的资料不可或缺，不管什么题直接开刷，效果会大打折扣。宁宁妈妈找来的密卷，有可能是尖子生专门用来拔高的，不适合让宁宁打基础。当练多了刁钻的难题，孩子再面对那些简单的题，一时间转不过弯也是常有的。而且，家长的期待值过高，孩子压力就会大，容易在做题的时候失去正常的思考和判断能力，分数自然长不上去。

一正老师有话说

刷题不在量，在于从错误中找到正确的思路

一心埋头刷题，成绩却不见提高。孩子不高兴，家长也跟着烦恼，真是愁人。家长们别上火，其实学习有技巧，掌握这三个办法，让孩子做的每一道题都发挥出应有的作用。

一、重要的是深度，而不是数量

家长要鼓励孩子去深入理解题目背后考试的原理和知识点，搞清楚"为什么"，别只知道"怎么做"，不清楚原理只知道解

题步骤，下次题目的条件一变，再考同样的知识点，孩子还是不会。

二、题目分好坏，不是所有的题都适合孩子，也不是只有难题才是好题

课本是最佳资料，里面的例题道道都是精华，绝不能忽视。至于课外资料，就考验家长的眼光了，帮孩子挑选适合当前水平的学习资料。特别注意别让孩子一头扎进特别另类的、思路偏的资料里，那样只会越学越糊涂。

三、定期复习和总结

孩子刷题，家长别忘了督促他们及时订正错误，错题要用一个专门的本子总结起来，方便后期回顾。总结的时候，不拘泥于形式，认真抄下来，或者剪下来贴上去都行。哪怕是做对了的题，但是做的时候没有把握，犹豫了，蒙对答案的，也要把知识点总结下来，时时翻看，直到彻底弄懂为止。这样，孩子才能从错误中找到正确的思路，不至于下次再犯同样的错误。

13. 本来都会的题目，为什么总马虎？

小天拿着期中考试的卷子找到爸爸，小声地问："爸，给我签个字呗？"

爸爸瞥他一眼："咋了？考得不好，不敢跟你妈说？"

听见这话，小天挠挠头，不好意思地笑笑。

"拿给我看看！"爸爸伸手接过几张试卷，只见数学卷子正面连篇的红色大"×"，背面那几道应用大题倒是都打的"√"，英语卷子也是好几处小错误。

"好家伙，你这是大题都对了，丢分都丢到简单题上了？13乘20你写个33？还有这个英语卷子，box的复数应该加es吧？"爸爸看着这些小小的错误，有点无语。说孩子不会吧，难题都做出来了，可要是说他都会吧，简单的题错了好几道。

"我就是不小心看错了，先签字吧。"小天赔着笑脸，希望爸爸赶紧签完字了事。

"我怎么记得你上次也是这么跟妈妈说的，光说不改？还有上个学期，老师因为你粗心大意的事还叫过家长！"爸爸觉得小天压根没有认识到问题的严重性，只想着蒙混过关。

"这些我都会，一时间着急就看错了，下次我肯定注意，绝对不再犯！"小天信誓旦旦地保证着，这种话他熟得很，每次这么一说妈妈就不追究了。

"快打住！我可不吃你那套，光你的保证书家里都有一沓了，也就哄哄你妈。"爸爸严肃地说。

"哎呀，真麻烦，早知道还不如去找我妈签呢！"小天抱怨道。

"你这是什么态度？只想签字，不想改错！还一脸理直气壮的。"爸爸生气地把卷子递回去，拒绝签字。

一分钟解析

经常看到有的孩子做错了题，说一句"粗心了，下次一定注意"，家长就把这件事揭过去了，可过不了多久，同样的一幕还会上演。其实，粗心大意只是一个结果，并不能成为孩子做错题的借口，家长需要看到这个结果背后的真正原因，才能督促孩子改正这听起来微不足道的毛病。

第一种，审题有问题。马虎只是表面，真相是孩子可能压根没读懂题，或者没有养成好好审题的习惯。比如，有的孩子把负数看成正数了，或者把乘号看成加号，再或者题目说了如图所示，孩子完全没看到，只看条件就开始解题，结果思路偏了。这种想当然的做法，代表孩子平时审题只会走马观花，没有仔细读

懂题目，就急于下手。

第二种，知识没记牢。看起来只是一道 1 分的计算题没做对，或者该加"es"的单词只加了个"s"，如果有人提醒，孩子也能立马反应过来说出正确答案。但背后的原因，还是基础不牢。在做题的时候，对应的知识点不能融会贯通，小错误就会反复出现，呈现出粗心大意的表象。

第三种，意识不到位。这种孩子，平时也努力了，难一些的大题也都能做对，面对小题就开始"轻敌"，不放在眼里。就算错了，也觉得粗心没什么大不了的。这本质上是态度问题。就像小天一样，写几份保证书，说几句不痛不痒的话，敷衍过去就好了。但实际的错误呢？根本不去深究，下次也改不掉。

别拿马虎当借口，帮孩子正确做题

一次粗心，情有可原，次次马虎，就是学习方法出了问题。家长可不能掉以轻心，觉得简单叮嘱孩子几句就能解决问题。好父母，有办法，丢掉马虎这个借口，帮孩子正确做题。

一、审题要画关键词

一道题，拿到手里的第一步就是审题，审题怎么审？不光要用眼睛看，通读题目，手也得跟着动起来，用笔画出关键词，谨防漏掉任何重要条件。家长可以仔细观察孩子做题的过程，逐步引导他们养成做题必画关键词的好习惯。

二、基础要打全，别头疼看头，脚疼看脚

如果孩子审题审对了，题目还是做不对，那就是基础问题。一旦发现错题，得把对应的知识点全盘扫描一遍。比如，小天把"box"的复数写错了，其实说明他对于什么时候加"s"、什么时候加"es"的规则根本不明白，如果只是简单记住一个 box 的复数形式算不上改正错误。彻底把知识点弄清楚，比把一道题弄清楚更重要。

三、帮孩子摆正学习态度

每一道题都是有意义的，每一个小错误都值得认真对待。不是光凭一句马虎就能把自己的问题摘出去，不然时间长了，孩子会觉得自己本就是个马虎的人，做题就更粗心了。家长可以给孩子一种信念，让孩子相信自己是个仔细的人，自己一定能做好。

14. 今天学了明天忘，
记不住可怎么好？

亲子小剧场

"大儿锄豆溪东，二儿……二儿……"小军背着手站在妈妈跟前，仔细回想着。看着他费劲的样子，妈妈有些生无可恋地开口："是'中儿'，不是'二儿'。"

"哦对，中儿，中儿……"小军又开始努力翻眼皮，那个"儿"字拖着长音，快要喘不上气似的。

妈妈觉得憋得慌，只好再次开口提醒："织什么？"

小军皱了皱眉，怎么好像不记得这段："中儿织布？"

妈妈有气无力地说："织鸡笼，是鸡笼！"

"哦哦，中儿正织鸡笼，小儿最是亡赖……"小军接着往下背。

妈妈本不忍心打断，但又实在听不下去，咬了咬牙说："是'最喜小儿亡赖'，不是'小儿最是亡赖'。"

"哦哦，最喜小儿亡赖……"小军又卡顿了。

妈妈已经不想再听了："你还是再自己看看，先别背了。"

这样的场景，家里时不时就会出现几次，全看老师什么时候留背诵的作业。从一开始的温柔耐心，到后来的暴躁怒吼，再到最后的生无可恋，小军妈妈真是一言难尽。看着儿子有些难过地走回自己的房间，她也不知道怎么办了，今天背了明天就忘，

·071·

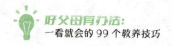

这孩子难道天生记性差吗？

忽然想到什么，妈妈开口："诗词你背不过，那些汽车型号、游戏装备怎么记得那么清楚？"小军停下站在那里说不出话。

"唉！回去吧！"妈妈重重地叹了口气。

学习确实是一件很考验记忆力的事儿，孩子前面学，后面忘，刚背过的课文，半天就开始打磕巴，老师一提起孩子就说基础不行，可一直在打基础，基础知识就是记不住，真是愁煞了不少父母。不过，家长也别急着给孩子定性，怀疑孩子天生记性不好。

记忆本身就是有遗忘规律的。一篇古诗，一组单词，刚背完的时候，能全部记住，可不到一个小时就能忘一半，一天之后就只剩下三分之一了。所以，从科学角度来解释，孩子今天学了明天忘，再正常不过了。而且，这种遗忘的速度是有规律的，符合著名的艾宾浩斯遗忘曲线。

记忆不光有遗忘规律，还有提升技巧。虽然大家都会忘，但那些成绩好的孩子为什么知识记得很牢呢？这就体现出记忆方法的重要性了。比如，理解着背就比死记硬背记得快、记得牢。

一首古诗的内容会有一个统一的主题，诗句就是诗人的所见所闻、所思所想，上下句之间联系紧密。要是记忆圆周率呢？小数点后面那么多位，没有任何规律，只能硬记，难度系数翻了好几倍。那些记性好的孩子，天生就会使用一些记忆技巧，或者经过专门的训练。

如果孩子其他方面记忆没问题，就学习上不行，还可能是对教学内容不感兴趣，就像小军这样的孩子，汽车型号、游戏装备可以如数家珍，背个《清平乐·村居》费老大劲，就是因为不感兴趣，也没有深入理解其中的内涵，背的时候慢，忘起来倒快得很。

记忆有技巧，用对方法记得快又牢

有时候，孩子学习成绩的高低就取决于记忆的效果。能记住就能答对，记不住就手忙脚乱。其实，只要用对了方法，孩子就记得又快又牢靠！

一、按遗忘规律去复习，效果更好

一次记不住很正常，学习就是要多复习，多强化。家长可

以根据遗忘曲线，帮孩子合理制订复习计划，每次在快要遗忘的时候及时温习。经过几次复习，知识就会牢记在孩子的脑海中了。

二、学点记忆技巧

理解是基础，但光背是不够的。对付一些难记的内容，可以尝试多感官学习，听、看、写一起进行，记得更快。还可以教孩子用一些实用的记忆工具，比如流程图、思维导图、记忆卡片等，让孩子找到最适合自己的记忆方法。

三、把学习融入生活

这样记东西会更深刻，也更有趣。比如孩子在认字，但不是只有打开课本才能认字，外面街上的店名、饭店的菜单、零食包装上的信息，都可以成为识字的好帮手。学英语单词也一样，把学到的单词与对应的实物和场景联系起来，比背中文意思更有效果。

四、别忘了适度运动和足够睡眠

运动和睡眠对提高孩子的学习注意力和记忆力也是很有帮助的。

15. 孩子明明很努力，可成绩就是提不上去

难题需要好好琢磨。

做难题太浪费时间了。

亲子小剧场

婷婷是个公认的踏实孩子，上课认真听讲，作业完成得又仔细又整齐，平时在家也乖巧懂事。但就是有一点，学习成绩不好。这可愁坏了婷婷的爸爸妈妈。

晚上，婷婷正在写作业，妈妈端着一杯热牛奶走进屋，放到婷婷的书桌上，静静地看了一会儿，忽然发现有几道题，婷婷看了一眼，直接就跳过去了。妈妈柔声开口："怎么了宝贝？这几道题怎么不做呀？"

"这几道题太难了，我读了一遍不会，就做其他的了。"婷婷回答道。

"那你是打算先做完其他的，再回过头来想吗？"妈妈问。婷婷摇摇头："我一看就知道自己做不出来，想了也没用，还是不浪费时间了。"

这下，妈妈觉得有些不对劲了，看一眼就知道不会做，也不打算自己好好琢磨琢磨，这样可不行。

"遇到难题我们可以好好思考一下啊，直接跳过去解决不了问题呀。"妈妈耐心地劝着。

"我没有直接跳过去啊，我努力看了，确实不会。"婷婷不解地说。

这下妈妈说不出话了。再联想到平时没考好，婷婷就会说"妈妈，我都努力过了，可还是没考好"，自己连忙心疼地把孩子搂在怀里。可是，婷婷真的好好努力了吗？妈妈不禁产生了怀疑。

一分钟解析

有一种孩子，家长和老师提起来都得夸一句人踏实、很刻苦，但最后往往要叹息一声，就是成绩提不上去。这种时候，家长要提高警惕，看看孩子的努力到底有几分。

就像小剧场里的婷婷，也不能说孩子不用功，其他的大事小情都完成得很好，谁知道背地里只做简单的题，难题直接放弃，难怪成绩一直提不上去，家长和老师还被蒙在鼓里。

还有的孩子，喜欢"装"努力。他们坐在教室，腰板挺得笔直，一副认真听讲的模样。可老师要是一提问，什么都答不上来，心就不在这儿。写作业的时候，碰上简单的抄写作业，横不平、竖不直都要擦了重写，花费多少时间也在所不惜。但一到有点深度的问题上，就像换了个人似的，瞅都不带瞅一眼的。再不然，一道题摆在那里，吭哧吭哧研究几个小时，其实什么效果都没有，只是看起来很努力，甚至为此熬夜到两三点，被家长催着

去休息。假如你再翻开他们的笔记本，各种颜色的荧光笔，花里胡哨的，笔记搞得跟手账一样，精美得很。可问题是，知识都停留在笔记上，脑袋里空空如也，真让人不知道说什么好。

其中一部分孩子是专门演给家长看的，这样，考不好的时候，他们就可以说"你看，我努力了，可还是没考好"，家长也不好再说什么。

当然，也不是说所有成绩提不上去的孩子，都是在"装"努力。学习毕竟是慢工出细活，如果孩子前期基础不好，近期转变了学习态度，也更正了学习方法，家长不要着急，一时半会没出成绩很正常。毕竟质变之前需要经过一个长期的量变过程。

成绩上不去，警惕假努力，三招让孩子真勤奋

孩子到底是铆足劲儿在学习，还是努力了没努力到点子上，又或者干脆在"装"努力，家长替孩子着急成绩之前，得先擦亮眼睛看清楚。三招帮孩子把假努力变成真勤奋。

一、家校合作，仔细观察孩子的学习表现

家长们可别掉以轻心，得好好了解孩子平时怎么写作业的，

怎么复习的，有没有刻意避开难题。找到合适的机会跟老师通个气，问问孩子课上回答问题积极吗、作业空白的多不多，说不定从某个细节中，就能找到孩子成绩提不上去的原因。

二、停止自欺欺人

如果孩子在表演努力，家长可以直接表明态度，别让孩子沉浸在自己给自己立的人设里不出来。让孩子明白，自欺欺人终究是一场空。学习是为自己学的，学到多少只有自己最清楚。

三、拒绝虚假的形式感

学习还没开始，准备工作一大堆；笔记没有几行内容，笔的颜色换了好几种；不熬夜就显得没努力。这些都是虚假的形式感。家长要让孩子明白，别把时间浪费在搞形式上，只有真切学到的知识才有用。

最后说一句，如果孩子确实努力了，态度正，方法对，剩下的就交给时间。家长只盯着孩子的成绩看，焦虑的情绪会传染给孩子，增加不必要的压力。

16. 科目一多，
     孩子忙不过来
     怎么办？

初中科目多了，孩子学不过来，没考好。

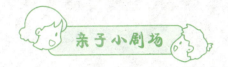

亲子小剧场

考试成绩下来，月月把自己关在卧室不出来。

"月月，饭好了，有你爱吃的大虾，出来吃点吧！"妈妈来到门口轻声叫道。

"我不想吃。"月月的声音小得几乎听不见，还带着微微的哽咽。

"月月怎么了？"爸爸刚到家，还没搞清楚状况。

"没考好，不出来吃饭。"妈妈说道。

"没考好有啥大不了的，怎么把自己关起来了？"爸爸不解地问妈妈。

"孩子小学成绩一直不错，上了初中一下子不及格，接受不了。"妈妈叹口气说。

"一次成绩说明不了什么啊，孩子平时写作业到那么晚，刻苦又用功，咱们都看在眼里。"爸爸还是不理解，只以为是一次简单的发挥失常。

"不是，上次成绩就不太好，孩子最近更用功了，还是没考好，估计被打击得太狠了。"妈妈回道。

爸爸又问："为什么啊，现在的初中知识这么难吗？"

"小学科目主要的就那三科，一上初中，政治、历史、生

物、地理这些课都加上来了，孩子根本忙不过来。每天连作业都写不完，好几次我看见孩子边写边哭。"妈妈一边说着，一边忧心忡忡地看着月月的房间门口。

听妈妈这么一说，爸爸也不知道该怎么办了，两个人坐在沙发上不再开口，桌子上的饭菜凉透了也没人吃一口。

一分钟解析

对孩子来说，学习科目的增加是一场不小的考验。很多孩子遇到初中科目数量翻一番的情况，一下子适应不了，出现作业写得晚、成绩浮动得厉害这些情况，太正常了。

科目数量增加，最直接的结果就是孩子学习时间不够用。尤其是在面对生物、地理这些之前从未接触过的新科目、新概念的时候，孩子们需要花费大量的时间和精力才能适应。可是孩子的时间和精力是有限的，白天上课，晚上写作业到深夜，知识难度的提升给孩子带来额外的负担，学起来费时又费力，也难怪很多孩子像月月一样，每天写作业到很晚，甚至边写边哭。

作业写不完，就没时间复习，新学的知识还来不及消化吸收，考试却一场接着一场。考试的压力也让很多孩子感到格外焦虑和紧张，越是想证明自己，越是被成绩打击，学习的时候容易产生迷茫的心态，甚至怀疑自己就是个成绩差的孩子，这对孩子的学习和成长十分不利，有的孩子就此厌学也是有可能的。家长们可要注意起来，别等孩子自己钻了牛角尖再来着急。

当然，有些家长会困惑，为什么别人家的孩子一下就能适应，偏偏自己孩子手忙脚乱呢？这中间最大的问题在于不同孩子的时间管理能力不一样。那些能把学习安排得井井有条的孩子，适应起来就会很快。可那些不懂时间管理的孩子就只能慢慢摸索，甚至处处碰壁了。

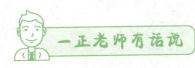

一正老师有话说

主次分明，方法得当，帮孩子把学习效率拉满

一次两次的考试成绩确实代表不了什么，科目一多，孩子忙不过来，这很正常，家长与其干着急，不如教会孩子怎么合理安排学习时间，把学习效率提上去。

一、合理安排各科的学习时间

语数外在考试的时候分值是最大的，学习难度比起小学大得多，孩子得优先安排。其他较简单的科目时间上安排较少。具体也要看孩子的学习情况。

二、不同科目采用不同的学习方法

英语、政治、历史这些科目的知识重在记忆、积累，适合碎片化学习，可以抓住一些细小的时间经常翻一翻、看一看。而数学、物理这些科目重在对知识的深度理解，需要安排大块的时间去学习、刷题和总结。一旦弄懂原理，后面就能游刃有余了。

三、在小学阶段就开始布局了

初中科目增多是必然情况，小学期间孩子的课余时间相对丰富，有远见的家长已经开始培养孩子的阅读能力，注重英语积累等，这给孩子在升入初中后腾出了一定的时间去慢慢适应，孩子跟得上，学习信心加强了，后面会更容易入门。

17. 孩子成绩不好，
该不该请家教？

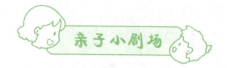

亲子小剧场

宁宁妈妈听说隔壁家的芳芳妈妈给孩子请了个家教，芳芳的成绩最近提升了不少，不禁心里一动。虽说宁宁平时也知道学，但是加把劲或许能往前冲一冲，总好过一直不上不下的。打定了主意，宁宁妈妈主动联系了芳芳妈妈，给宁宁请来了同一位家教，约好明天晚上来试课。

晚上，宁宁放学到家，妈妈喜滋滋地跟他说："明天晚上你回家赶紧写作业，等八点的时候妈妈给你请的家教老师就来了。"

"什么家教？你给我请了家教？"宁宁惊讶地问道。

"对啊，芳芳请了家教，最近进步得可快了，妈妈也给你请了这个老师，你可得好好给我学，不便宜呢！"妈妈严肃地叮嘱宁宁。

宁宁如同被雷劈了一样："我不要！我不要请家教！不要那个魔鬼老师！"

妈妈看着宁宁跳起来大叫的样子吓了一跳："你这孩子瞎说啥呢？"

宁宁抗拒地说："每天写完作业都九点了，再请个家教，我电视都没时间看了。"

妈妈说："光想着玩！就是得请个家教好好治治你！"

　　宁宁见这么说不灵，连忙上前拉着妈妈的手摇了摇："芳芳都跟我说了，那个老师特别凶，她每天上课大气都不敢出，我不要这个家教！"

　　妈妈听了不以为然："就是得凶点的老师才能治得住你，就这么说定了！"

　　宁宁这下忍不住了，大吼道："我就不想！请家教我就再也不学习了！"然后跑回房间锁了门。

　　妈妈傻了眼，还没上课呢孩子反应就这么大，这家教到底还能不能请了？

一分钟解析

　　孩子成绩上不去，很多家长会想方设法给孩子找课外学习资料和课外辅导，线下一对一家教就是其中的一个选择。

　　一对一家教的优势确实很明显，可以为孩子定制学习方案。在学校里，老师面对的是一个班几十个学生，照顾大部分学生的学习进度，统筹进行教学安排。一个知识点，如果只有几个孩子没掌握，老师很可能就略过不讲了。但家教不一样，孩子哪里不会，都能专门进行讲解。讲解的时候还能采用更贴合孩子兴趣的教学方法，比如图文结合、举例子、讲故事等，提高学习的针对

性。如果孩子和家教老师相互适应得好，确实能够成为学校教育的有益补充，帮孩子提升成绩。

不过，家教的劣势也不容忽视。最直接的结果是侵占孩子原本的自由时间。孩子每天在校学习时间固定，放学了还有作业需要完成，忽然加上家教，原本休息、娱乐的时间一下子没了，容易引起孩子的反感。

再加上花钱请了家教，家长自然是希望尽快出成绩，让钱花得值。这种压力会转移给老师和孩子，老师不得不更严格地督促孩子集中精力去学习。老师一严，孩子就会觉得老师太凶，不愿意配合。就像小剧场里的宁宁，本来听妈妈说请家教之后还只是惊讶，但一听说请的是芳芳的家教老师，就强烈反对。

如果请家教这件事孩子相当反感，家长还一意孤行，强压着孩子去学习，亲子关系会越来越紧张，孩子压力也会很大。上学精神集中，放了学还是得不到休息，时间长了，孩子难免会产生消极情绪，影响心理健康和身体健康，最终结果可能与家长的期望背道而驰。

一正老师有话说

家教不是唯一选择，孩子的意愿是前提

不少家长为了孩子的成绩操碎了心，不惜花重金请家教来给孩子一对一辅导。可结果呢，孩子十分反对，让家长纠结到底该不该请家教。这里有三点需注意。

一、看孩子的意愿

家教毕竟是请来教孩子的，如果孩子完全不配合，强行请家教可能会激起对抗行为。最好在孩子对这事儿没那么反感的情况下进行。家长可以适当劝导，但别强迫孩子接受家教，毕竟线下一对一家教并不是唯一的辅导形式，其他辅导形式同样可以作为学校教育的有益补充。

二、看家庭情况

请家教的支出得在家庭可承受的范围内。如果请家教太贵了，最好不要硬请，即便请了，也别因为没出成绩就大力责怪孩子，说孩子浪费钱之类的话。

三、看家教老师的资质和方法

家教老师得有专业的教师资格证书，具备教学能力，了解儿童心理健康的知识，教起孩子来更能尊重孩子的心理健康发

展。孩子和老师相互合拍，学习起来效果更好。如果孩子对某位家教老师的教学方法或本人特别反感，家长一定得重视。

第四章　学习习惯

别让坏习惯拖孩子后腿

18.半小时 能写完的作业， 硬生生耗了仨小时

亲子小剧场

小浩一到家，书包往地上一扔，人往沙发上一抛，顺手摸到遥控器打开电视，一整套动作行云流水。

"小浩，快去写作业，写完再看。"妈妈边提醒边往厨房走。

"刚回来，我歇会儿再写。"小浩没动，懒洋洋地说着。

就这样，妈妈一会儿出来提醒一遍，直到六点半做好饭，小浩也没进屋。

"吃了饭赶紧写作业！"妈妈的脸色从白转红，带着微微的怒气。

"妈，你别急，今天作业不多，有的是时间。"小浩吃着饭慢悠悠地说。

饭后，看着小浩终于走进卧室，妈妈松了口气。可还没等休息一下，就看见小浩一会儿出来喝杯水，一会儿跑去厕所待半天。妈妈的脸色也由红转到黑，越来越黑。转眼间仨小时过去了，妈妈最后抄起皮带往小浩旁边一站。

小浩看着妈妈黑黑的脸色和手里的皮带咽了下口水："妈，你这是干什么？"

"不干什么，就是手里的'望子成龙鞭'说它想你了。"妈妈温柔地开口，配着阴沉沉的表情，小浩顿时心里一凛，勉强地

嘿嘿笑着："妈，我可一点都不想它。"

"赶紧给我写！"妈妈大声吼道，皮带顺势打在桌子上，啪的一声，清脆得很。小浩加紧了手里的动作，不到半个小时，作业就写完了。

"很好，明天继续按这个速度来写。"妈妈把皮带收好，走出了卧室。小浩坐在椅子上拍拍胸口，一阵后怕。

一分钟解析

明明作业不多，孩子硬要拖到晚上十一二点才写完，好言相劝不当回事儿，只有武力威胁才肯乖乖就范，家长那个气呀。

拖延症现在很普遍，这类孩子，从一开始就没养成好习惯。比如放学先写作业这件事，孩子们本身自制力差，很容易受到电视、手机等各种电子产品的诱惑。当孩子选择先看电视再写作业，或者先玩游戏再写作业的时候，家长觉得孩子上了一天学累了，可以先放松放松，就没阻止，孩子自然而然养成了作业往后靠的习惯。

而且，不少孩子写着写着作业，中间想起什么就去干什么，一会儿去个厕所，一会儿喝口水，再不然吃个水果，发会儿呆，反正什么都比写作业重要。除了自身专注力的问题，更大的原因是孩子从一开始就没有任何作业计划，对作业应该多久完成没有任何概念，也不着急，写到哪儿算哪儿，写多久算多久，做完为止，时间不知不觉就耗过去了。就像小浩，半小时就能写完的作业，硬是耗了仨小时。

当然，不排除一些孩子天生就是慢性子，他们做什么都不急不躁，不往前赶，写作业的时候也喜欢反复斟酌，这也会拖慢速度。但是慢性子和拖拉磨蹭本质上的区别是孩子面对作业的态度不同。慢性子的孩子是积极或平和的态度，故意拖拉磨蹭的孩子是消极的态度，就不想写。家长要注意辨别，别因为自己是个急性子就盲目给孩子扣上拖拉磨蹭的帽子。不过，当一个孩子同时具备慢性子和拖拉行为的时候，家长会更抓狂。

一正老师有话说

作业优先＋计时考试＋延迟满足，养成做作业好习惯

孩子写作业故意拖拉磨蹭，别慌！三招帮孩子养成做作业的好习惯。

一、事先约定

跟孩子约定好每天什么时间做作业，到家先放松一会儿可

以，但是不能超过多长时间。时间一到，孩子不写，家长也要直接收走遥控器、手机，别光嘴上催，不付诸实际行动。

二、把作业当考试，计时完成

家长先带着孩子把作业分块，让孩子知道当天的作业正常可以多久完成。然后先选一块简单的，估计好时间，计时开始做，写完休息。然后再选一块难的，计时完成再休息。就像一场一场的考试，难易交替着，孩子不会觉得做不下去，也不会一直在难题上死抠，浪费时间。考试开始必须坐在座位上，到考试结束才能离开，杜绝孩子中间想干什么干什么，慢慢就能培养出孩子对时间的敏感性，提高效率。

三、延迟满足

可以跟孩子约定，如果放学先看电视，只能看 10 分钟；如果先写作业，写完可以看 30 分钟。这就是一种延迟满足，为了未来的好结果，甘愿舍弃当前的享受。这种能力对孩子未来各方面的发展也很有好处，让孩子眼光放得长远。不过，要注意延迟了，最后一定要满足，光延迟不满足是家长说话不算话，会失去孩子的信任。

19. 遇到点不确定，就着急翻书求证

亲子小剧场

"哎，咱不是说好考试呢吗？你怎么翻开书了？"爸爸在一旁提醒小成。为了让小成写作业更有效率，爸爸和小成商量好，卡时间写作业。可现在刚开始5分钟，小成就忍不住翻开了书。

"这道题我选好了，不改答案，就是心里不确定老是痒痒的，看一下马上好！"小成快速翻到课本的某一页，确认自己选对了，放下书继续写。

"这次就算了，下次可不让这样了！"爸爸说道。

"行，我不看了。"小成边写边说。结果，坚持了10分钟没到，小成就又忍不住把手伸了过去，书还没拿到，手就被爸爸一下子拍了回来。

"说了不让看了，你怎么回事？"爸爸皱眉问道。

"有两道题我不确定，保证不改答案，就看一下行不行？"小成可怜兮兮地央求爸爸。

"不行，考试的时候谁让你翻书？"爸爸严词拒绝道。

"这不是没真的考试嘛，不求证一下我写不下去。"小成着急地左扭右扭。

"坐正！扭来扭去的像什么样子？写你的作业，写完再看！"爸爸还是不为所动，把书拿走放在了自己旁边。

小成眼看拿不到，只能气呼呼地继续写，可后面的题一直写得心不在焉。

细心观察过孩子写作业情况的家长，经常会发现一种现象：孩子写作业的过程中，没办法像考试那样独立完成，总是边做题边翻书，或者边做题边翻答案。

这些孩子倒不是想偷懒直接抄书或者抄答案，只是思考到某一步骤的时候忽然记不清公式了，或者想不起来关键的概念了，于是急于翻书求证。要不然就是碰到难题，不确定自己的解题思路对不对，想看看答案的前两个步骤，跟自己思路一致就继续往下解，如果发现思路错了，就照着答案给的思路往下走，当成是自己做出来的。

这种情况下，家长如果不让孩子立刻求证，孩子就会像小剧场里的小成一样，抓耳挠腮，焦虑不安，后面的作业都做得心不在焉，非得看一眼才能继续安心做题，跟"强迫症"似的。

但这样做题相当于随时在订正，孩子看似做对的题又有多少是靠自己解答出来的呢？长此以往，孩子根本发现不了自己的薄弱点在哪里，成绩提不上去是很自然的事情。因为考试的时候

孩子根本没书可翻，只能在焦虑和不确定中继续做题，所有的问题都会一下子暴露出来。

这其实表明孩子已经养成了边做题边翻书的做题习惯，他们不相信自己的判断，只有得到证实才能安心。除了习惯问题，还有些孩子不喜欢面对不确定的事情，对于不知道答案或结果的状态感到很难忍受。这类孩子渴望去寻找，去确认，消除内心的不确定感，以获取安慰。如果孩子在成长过程中缺乏安全感，或者无法接受自己犯错误，也容易出现这种情况。

戒掉书本依赖，培养正确做题习惯

孩子喜欢边翻书边做题，坏习惯不是一天养成的，以下三点可以帮家长慢慢培养孩子形成正确的做题习惯。

一、清空一切干扰项

这类孩子写作业本就喜欢翻书、翻答案，如果书和答案近在咫尺，孩子更忍不住想翻。所以，在开始写作业的时候，可以把书拿得远远的，答案如果和练习题在一本书上，可以提前撕下来保存好。

二、先复习，再做题，把不准的做标注

这是对这类孩子做题习惯的培养。先复习是给孩子一个机会查漏补缺，刚刚看过的内容记得清楚，能消除一些不确定感，增强孩子的自信，做起题来更顺手。碰到把握不准的内容，让孩子把题目标注下来，如果孩子实在不安，可以让他把不确定的内容详细写下来。这样写完一订正，记得就更牢了。如果孩子认真完成了这些步骤，家长得及时表扬："哇，你这次一下书都没有翻，自己做完的，真棒！"不断强化孩子的正确行为。

三、及时跟孩子沟通

家长可以找个时间跟孩子好好谈谈，了解他们为什么会因为不能立刻查阅答案而感到不安或不确定。如果孩子的这种焦虑和不确定状态严重影响学业，可以考虑寻求专业的心理咨询支持，帮孩子更好地应对心理问题。

20. 不懂也不张口，
让她问个问题
怎么那么难？

明天问问
老师这道题。

我不想问老师。

前两天发下来的数学考试卷子上，有道坐标系大题田田一分没得。回家签字的时候，妈妈仔细看了看，被这道压轴大题的难度系数劝退，只能不好意思地叮嘱田田第二天记得去学校问老师。

第二天，老师上课讲评卷子的时候着重讲了一遍这道大题。不过，田田还是没弄明白。吃晚饭的时候，妈妈问田田："那道题问老师了吗？"田田摇摇头说："老师上课讲了一遍，可我没听懂。"

"没听懂你下课接着去问啊！"妈妈不自觉提高了声音。

"老师下课就走了，后面还有其他班的课，没时间。"田田回答道。

"行吧，那你明天找个大课间再去问。"妈妈无奈叮嘱道。

第三天放学，妈妈去接田田，见面第一句就是："那道题问了吗？"

田田顿了顿才开口："没有，我不想问老师。"

"为什么啊？我跟你说，不会就是不会，没啥大不了的。"妈妈以为田田是脸皮薄，不好意思问老师才不去。

"老师上课讲了半节课那道题，我还去问，好像我上课没听

讲似的。"田田噘着嘴说。

"这有啥，就是没听懂啊！"妈妈一脸的不以为意。可田田不说话了，很明显还是不想去问。

妈妈有些急了，大声说："你这孩子，让你问个问题怎么那么难？学不会是谁的损失？"田田不好意思地看了看周围的同学，拽紧了妈妈的胳膊快步往家走。

经常会听到一些家长抱怨自己的孩子，一让他问问题就成了锯了嘴子的葫芦，一声不吭，真是愁死人。

其实，不得不承认，非常愿意问老师问题的孩子根本没有几个。因为面对老师的时候，孩子天然会有压力。特别是一道题、一个知识点，老师上课刚讲了，孩子没听懂下课就去问的话，很容易被老师说一句："我刚刚讲的你认真听了吗？"而且，老师讲一道题并不一定只是讲这道题，会涉及各个方面的知识点，提到某个知识点的时候说不定就会问孩子一句，孩子答不上来，会更有压力。等老师讲过一遍，最后问孩子"听懂了吗"的时候，迫于老师给的压力，不想让老师觉得自己太笨，很多孩子会顺势说一句"听懂了"，然后再回去自己琢磨。所以，孩子不愿意问老师问题再正常不过了，就算问了也不一定能解决问题。

而且，老师和学生的时间很难匹配上。孩子的课间只有短短的十分钟，上厕所还需要排队呢，哪里还有时间去问老师问题。即使孩子有时间，老师也需要去准备上下一节课。等老师没课有时间了，孩子又该上其他科目的课了。哪怕双方现在都有时间，碰上田田要请教的这种压轴大题，上课的时候尚且需要半节课才能讲透，指望下课十分钟就能弄明白是很不现实的。

还有一类孩子天性腼腆，本身性格使然，他们不爱表现自己。问老师问题在很多孩子眼里就是一种爱表现的行为，孩子不喜欢出风头，同样会抗拒被其他同学看见自己追着老师问问题。

一正老师有话说

解决问题才是目的，问问题只是一种手段

孩子不爱问问题并不是什么大事，解决问题才是本来的目的。

一、理解孩子面对老师的压力

孩子不喜欢单独面对老师，暴露自己知识上的不足，这是很正常的，别非得逼着孩子去问老师问题，这也不一定能达到解

决问题的目的。

二、弄懂一道题的办法有很多

孩子不懂，要么是知识点没听懂，要么是知识点懂了，应用的时候题做不对。知识点没听懂可以参考那些专门解读教材的辅导资料。如果是题不会，一般卷子都配有答案详解。碰上学校的考试卷子，没有答案详解，老师上课讲的时候，会将解题步骤写在黑板上，再不然其他做对的同学那里也有正确的步骤，都能抄下来仔细琢磨。更何况，现在的手机搜题软件相当智能，拍照搜索，也能找到答案。总之，问老师只是解决问题的一种手段，还不一定是解决得最快最好的那种。

三、别勉强孩子改变自己的性格

当然，孩子觉得问问题是爱表现的观念不可取，家长可以适当劝导孩子。但如果孩子天性腼腆，也别勉强，平时多给孩子一些演讲锻炼的机会，只要孩子能在公开场合正常发言就可以了，不一定非要用问问题来证明自己。

21. 一没人监督，
就开着电视做作业

亲子小剧场

钥匙插进锁眼的时候，康康敏锐地捕捉到了这微小的声音，一把抄起遥控器关掉电视，从沙发上跳下来，装模作样地写起作业。

爸爸一进门就瞧见康康圆滚滚的身体，硬挤在沙发和茶几中间，手里拿着一支笔，茶几上摆了满满一桌子的书和本。爸爸心领神会，拿起扔在一边的遥控器打开电视，正演着康康最喜欢的动画片。

"哼，小样儿，被我逮到了吧？"爸爸表情不屑地说。

康康一脸正气地说："我可没看！"

"你没看？刚才我走之前看的是新闻频道，怎么回来就变了？"爸爸都气笑了。

"可能电视坏了吧。"康康嘴硬道。

"行，我就让你看看实打实的证据！"爸爸转身拿出事先摆在角落里的手机，点开录下的视频。

视频中，爸爸刚出门，康康就跑到客厅窗户上张望，看到爸爸确实走出了小区，立马打开电视。开始的时候还写两行作业看一眼，后面干脆一直盯着电视。这下证据确凿，康康像泄了气的皮球，一句话都说不出来。

"一没人看着，就敢开着电视做作业！"爸爸生气地说。

"之前我都这么写的，妈妈就没说我！"康康还在试图辩解。

"妈妈那是没说你吗？是说了半天你不听！关了电视你还又哭又打滚！我可不会对你手软，专心写你的作业，写完了看我怎么收拾你！"爸爸没好气地说。

前脚家长出门，后脚孩子就打开了电视。妈妈在的时候撒泼又打滚，爸爸在的时候乖巧且听话。不少家长看着孩子的前后变化，直呼没法儿管了！

孩子本身自制力很差，大部分孩子都管不住自己。尤其是面对动画片、游戏、零食这些诱惑的时候，那点微薄的自制力根本不起什么作用。有人监督着还好些，知道家长不允许，只能压下心思好好写作业。一旦家长不在身边看着，心思立马就飞了。为了不被家长发现，孩子更是"眼观六路，耳听八方"，就像康康一样，爸爸回来开门的声音立马就能发现，爸爸走的时候还知道去窗户边确认一下再打开电视，估计学习的时候都没费过这些脑子。

面对不同的家长，孩子也经常有"两副面孔"，家长心软，孩子就敢撒泼又打滚，当家长严厉，不听话真的会挨揍的时候，孩子又变得乖巧听话。这是一种本能的趋利避害的反应。如果一开始孩子边看电视边写作业的时候家长没有制止，慢慢养成了习惯，后面再想改正过来，孩子当然不乐意配合，就算暂时碍于家长给的压力表面上配合了，等家长不在，也会立刻回到原本的样子。

这种情况也跟作业本身比较枯燥有关系，尤其是一些抄写类的作业，不需要动脑筋，孩子觉得看着电视也能写完。但其实家长担心的不光是孩子作业有没有写完，而是长期这么一心二用，会破坏孩子的专注力，就像刷短视频时间久了，很多人没有耐心看长篇的文章一样。更何况，长时间盯着电视对眼睛也不好，特别是小孩子的视力还在成长阶段，开着电视写作业，很容易近视。

一正老师有话说

以身作则，让孩子专注写作业

有人看着，就好好学习，没人监督，立马边看电视边写作业，想让孩子改掉这种坏习惯，家长可以这么做：

一、给孩子打个样，营造一个浓厚的学习氛围

孩子在苦哈哈地写作业，家长在客厅愉快地看着电视。不少孩子看着这一幕，心里多么愤愤不平。家长不妨也拿起书，跟孩子一起学习，同时让孩子离电视远一些，尽量别在客厅写作业。

二、保持一致的态度

爸爸和妈妈对孩子看着电视写作业这件事的态度应保持一致，别一方心软，一方严厉，给空子让孩子钻。就算是同一位家长也要对一件事的前后态度保持一致。别今天允许孩子可以看着电视写，明天又不让了。这样，孩子才能明白，这件事本身就不行，有没有人看着，都应该专心写作业。

三、挑选合适的电视节目

有时看电视也可以起到教育作用。既然孩子爱看电视，与其担心孩子看些乱七八糟的内容影响学习，不如主动给孩子挑选一些有趣又有教育意义的内容。不过要注意时长，保护好孩子的视力。

22. 公式全靠死记硬背，连题都读不明白

亲子小剧场

"这道题考三角形的面积公式啊，怎么就做不出来？"爸爸一脸费解地看着妞妞。妞妞不说话，爸爸接着问："你先给我说说，三角形的面积公式是什么？"

"底边乘上高，然后除以二。"妞妞快速地答出来。爸爸脸色好看了几分："对啊，这不是很溜吗？这道题底边是多少？"

妞妞看了半天，试探着指了一条边。爸爸无奈地说："题目里说这条边有多长了吗？"妞妞摇摇头。

"题目都没说，那你怎么求？"爸爸深呼吸，努力让自己耐心一点，接着说："重找一条已知的，你仔细读一读题。"

妞妞低下头，就那么一直死盯着题目。半晌，爸爸问："盯出花了吗？这个三角形，底边和高各是多少？"妞妞迷茫地抬起头，答不出来。

这下爸爸算是看明白了，敢情妞妞只是背过了公式，根本没弄明白公式的原理，什么是底边，什么是高，全都不知道。

"那你这道题是怎么做对的？"爸爸有些纳闷地问妞妞，旁边同样是一道三角形的面积题，妞妞就做出来了，步骤很详细。

妞妞看了看，开口说："这道题跟书上的例题一样，我记得步骤。"

连解题步骤都能背，这下爸爸彻底无语了，不知道该怎么教了。

孩子学习全靠死记硬背，连题目都读不明白，家长碰到这种情况先别觉得孩子笨，说不定只是孩子的学习习惯出了问题。

有一类孩子记性很好，这种优势在小学低年级尤其明显。因为低年级的知识学习基本是靠孩子的记忆。比如认字，记住了就是记住了，不是孩子理解这个字怎么演变来的才能记住。还有简单的加减法运算、乘法口诀表，都是背到不用过脑子就知道答案，基础才牢固。在记忆方面吃过甜头的孩子会特别擅长用这种方式去学习新知识。

等升到高年级也是一样，老师讲什么，他们就记什么，因为按照以往经验，只要背过，做题就能答得出。可是，随着年级的升高，题目就没那么简单了，不光考察孩子有没有记住，还考察孩子会不会用。一做题，孩子的短板就暴露出来了。他们仅仅背过了公式，甚至像妞妞一样背过了例题的步骤，如果题目不难，或者跟例题相差不大，孩子确实能套用。但差别一大，形式彻底变了，孩子就不会了。这一类孩子用错题本的效果也不大，虽然每一道错题都能背过，但考试又怎么会继续考原题呢？

　　这类孩子可能还会出现另一种情况，就是连题目的条件都读不明白。当题目条件简单、口语化时，孩子还能看懂，题目一长，语言再拐点弯，包含一些隐藏条件，孩子就跟看天书一样。不光是数学，语文的阅读理解也总是读不懂题。这其实暴露了孩子学习的思维是僵化的，他们习惯了靠记忆来学习，很少尝试去真正理解这些知识，去理解文字的内涵，学数学这类科目也是今天记了明天忘，但事实上，原理一旦理解，应该一通百通，不会轻易忘记的，这跟那些单纯的记忆完全不一样。

多读、多问、多用，让孩子的理解力飙升

　　面对孩子习惯靠记忆去学习新知识、阅读理解能力有欠缺的情况，家长不妨这么做：

一、多读就是拓展课外阅读

　　题目又长又难，孩子看不懂，其实还是见得少，只拘泥于卷子上的几句话是不够的。比如，告诉孩子，不是只有题目说求三角形的面积才是求面积，当题目让求阴影的面积，阴影是个三

角形，也是求三角形的面积。等孩子具备阅读理解能力了，就能看出来句子隐含的信息。

二、多问就是鼓励孩子提问

老师讲什么就去记什么，这实际是一种被动的接收，家长可以鼓励孩子多问几个为什么。如果一开始孩子不会问，家长可以带着他们思考。比如，为什么面积公式是这样的？为什么勾股定理成立？然后带着孩子去解决这些问题，深入理解这些知识。

三、多用就是注重实际应用

记住公式不管用，必须能应用到各种场景。家长可以给孩子模拟一些应用场景，或者带着孩子到生活的实际场景中去观察问题的本质，把知识用透。比如带着孩子玩个切西瓜的小游戏，一块梯形，一块三角形，算出来哪块面积大就奖励吃哪块。

23. 课本比脸还干净，
他有好好听讲吗？

亲子小剧场

半学期过去了，小旭妈妈无意间翻开儿子的课本，上面干干净净，跟新的一样，她忍不住把小旭逮过来，指着课本问道："你上课都不做笔记的吗？"

小旭一脸纳闷："不做啊，我都记住了，为什么要做笔记？"

"不做就说明你没好好听讲！好记性不如烂笔头知不知道？老师讲的那些知识点，你不记下来，到考试的时候怎么办？"妈妈忧心忡忡地说。

听到妈妈说自己没认真听讲，小旭一脸莫名其妙地开口："我就是认真听讲了才没记笔记啊，老师讲那么快，哪有时间记笔记？"

"那其他同学也跟你一样不记笔记吗？"妈妈问。

"有人记吧，我没注意过。"小旭想了想说。

"那你上课没时间，下课了也应该找老师或同学把笔记补上。"妈妈还是坚持。

"我不要，一直都是这样学的，为什么忽然要去补笔记？"小旭听到妈妈的话，根本不愿意配合。

"你自己觉得你脑子都记下来了，可要是你真的都记住了，早就考满分了。"看着小旭不配合的样子，妈妈有些恼火。

听着妈妈的话，小旭不知道怎么反驳，但心里还是不服，也不说话。妈妈见状没有办法，私下悄悄跟老师沟通了一下，老师反映小旭上课听讲蛮认真的，成绩也不错。这下，妈妈也不知道该不该逼着小旭去记笔记了。

一分钟解析

不少家长反映，一学期下来，孩子的书比脸都干净，严重怀疑孩子上课根本没好好听讲。

那上课是不是必须记笔记呢？其实不一定。在我们传统的观念里，好记性不如烂笔头，很多老师也提倡学生记笔记，总结知识点，这确实是一个良好的学习习惯，能把老师讲的重点内容以及对教材的解读和理解全都记下来，加深对知识点的印象，方便后面复习。

但是，不得不承认的是，记笔记这个学习习惯跟孩子的学习成绩没有必然的联系。那些笔记记得密密麻麻、连课本原文都"淹没"了的学生，成绩都很好吗？也没有。笔记只是一个形式，成绩才是大家想看见的结果，别本末倒置了。记笔记是为了理解知识点，掌握知识点才是最终目的。家长如果硬揪着形式主义的东西逼孩子，是没有意义的。

学生上课就是要听讲，孩子认真听老师讲，思路跟着老师，就没时间记笔记。孩子写字的速度怎么可能赶得上老师讲话的速度呢？如果孩子分心在笔记上，写完一句话再抬头，老师已经讲到下一个知识点了，笔记记得东缺一块，西缺一块，老师讲的也没听全，这样就得不偿失了。那些整整齐齐、密密麻麻的笔记，大多是一些同学课下复习补上的。

当然，以上分析是针对像小旭一样上课认真听讲、成绩也不错的孩子。至于另外一些不把学习当回事的孩子，他们不做笔记还是因为没有内驱力，上学就是得过且过。他们不光上课不做笔记，考完试老师讲完卷子，卷子上不会的题还在那里空着，连老师的解题步骤都没抄一个，题还是不会做。这就另当别论了，根源也不在记笔记上面。

放下无谓的焦虑，形式真的不重要

孩子上课只动脑、不动手，不少家长担心孩子记不住知识点。其实，笔记只是一种形式，提高成绩才是目的。焦虑的家长不妨这么做：

一、放下无谓的焦虑

要不要记笔记只是孩子的一种学习习惯，不记笔记不一定学不好。家长可以先听听老师怎么说，再看看孩子的成绩，只要老师反映孩子上课听讲效果不错，孩子成绩可以，就别管孩子有没有认真记笔记。

二、给孩子购买教辅资料

如果家长实在不放心，担心孩子有遗漏的知识点，现在市面上有很多成熟的教辅资料，是专门对教材进行详细解读的，可以买来给孩子，课前预习的时候先过一遍，上课认真听老师讲，哪里没听懂，放学回来再翻看一遍，查缺补漏。不过，要注意以老师讲的内容为先，别让孩子养成上课不认真听、专等着放学回来再看辅导资料的坏习惯。

三、考考他，是不是真的都记住了

既然孩子号称自己都记住了，家长可要考考他，气氛不用太严肃，当作一次亲子互动。如果孩子被问住了，趁机教育一番，让孩子虚心一些，明白自己记不住的地方确实可以采用记笔记的方式来巩固，慢慢引导孩子学会这种方式。

第五章　考试状态

帮孩子轻松应对每一次考试

24. 考试前一天,
才开始挑灯复习

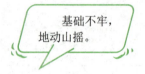

基础不牢,
地动山摇。

亲子小剧场

"小盛，你怎么还不睡？马上 12 点了！"妈妈递过来一杯热牛奶，督促小盛早点睡觉。

"明天就考试了，我得把老师圈的所有重点复习一遍！"小盛看起来斗志昂扬。

"早干什么去了，你要是早有这觉悟，还用得着现在抱佛脚吗？"

"老妈，你懂什么！这叫'临阵磨枪，不快也光'！我们老师说的！"小盛一副不耐烦的样子说道。

"什么'临阵磨枪，不快也光'，我看你就是平时不努力，大难临头才想起来抱佛念经！"

"哎呀，您就别在这儿耽误我'磨枪'了，这一会儿工夫，少看好几道题！"

"你小心把身体熬坏了！再说了，今天休息不好，明天怎么……"小盛没等妈妈把话说完，就推她出了门。

第二天，小盛耷拉着脑袋回家了。

"怎么了，没考好？"

"老师圈的重点我都复习了！试卷上的题，每个都看着很熟悉，但做起来又很陌生！这是为什么啊？"小盛一脸惆怅。

"这还用想为什么？基础不牢，地动山摇！"妈妈没好气地说。

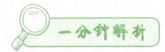
一分钟解析

"平时不努力，临时抱佛脚"几乎是所有孩子都有的一种考前侥幸心理。不过，大多数孩子并不认为这是一种侥幸心理，反倒认为这是专门应对考试的学习技巧，甚至有不少老师、家长会鼓励这种临阵磨枪的"技巧"。

于孩子而言，考试就像学校发明出来专门整治他们的"鬼把戏"，随便应付过去就行了。而他们参加考试，也只是为了完成大人交给他们的一项任务，不必太当真。这是一种认知上的错误。

在家长看来，平时对孩子疏于管教，没有注重夯实基础，临近考试了，终于抽出一两天的时间集中管理，认为"抱佛脚"总比"不抱"好，这无异于鼓励孩子抱着侥幸的心态去应付考试。久而久之，就形成了"临时抱佛脚"这种普遍的考试习惯。

这种习惯对孩子掌握知识、提高成绩毫无益处。即使有些孩子靠着这种小伎俩偶尔取得一点成绩，也只是碰巧，很难长久保证好成绩。

　　临时抱佛脚，只是利用大脑的短期记忆记住了一些表面知识，实际并没有打下牢固的知识基础。

　　考试之前挑灯夜读，一味向大脑灌输知识点，而这些知识点又没有从易到难很好地串联起来，只是混杂在一起，等到了考场，一旦心理紧张，就容易出现暂时的失忆现象，也就是我们说的"大脑一片空白"。就像小盛，看到熟悉的题却怎么也想不起它背后的知识点。

　　考前熬夜，还会让孩子睡眠不足、休息不够，考试时就难以调整状态，出现丢三落四、注意力难以集中、不仔细审题等情况，结果反倒考砸了。

基础不牢，地动山摇，提醒孩子做好平时规划

　　侥幸心理不只孩子有，大人也常有。面对孩子"临时抱佛脚"的行为，家长采取或批评或鼓励的做法都不妥，还是要从根本解决问题。

一、培养孩子分散学习的习惯

　　心理学中有一个著名的间隔效应，即同样进行十小时的学

习，每天学习一小时，坚持十天的孩子，要比一口气学习十小时的孩子掌握更多的知识，且掌握得比较牢固。家长可利用间隔效应，帮孩子做学习规划，让他尝到分散学习的甜头。

二、增加孩子的学习动力

在孩子的认知里，只有当动力多于反感时，学习行为才会发生。为什么反感呢？因为挫败和被动。家长戒掉强调成绩和考试的习惯，可有效减少孩子对学习的反感。如果能再适当培养孩子对学科的内在兴趣，把学习变成一件愉快的事，那么就可以让孩子主动拿起书本了。

三、寻找有效的学习方法

考前一遍遍地复习重点，只是练习了识别这些知识点的能力，并没有完全掌握知识点，所以这并不是一个有效的学习方法。家长可以帮助孩子多试几种方法，如摆脱书本和知识点，看他能回忆多少内容；做练习题时，将每道题涉及的知识点复述出来，等等。让孩子选择最适合自己、也最高效的方法。

25. 一考试就紧张，怎么帮孩子缓解考前焦虑？

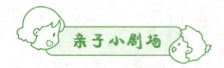

亲子小剧场

"妈妈，我很不舒服！"

"哪里不舒服？"妈妈用手摸了摸优优的额头，"没有发烧啊？"

"头痛，蒙蒙的感觉！心里也很不舒服！"优优无力地瘫在桌子前。

"是不是昨晚没休息好？"

"嗯，失眠了！"优优抬起头看了一眼妈妈弱弱地问道，"我能不能今天不考试了呀？"

"咱们坚持坚持吧！一个学期的努力，不能因为这点小困难白费了呀！妈妈相信你能克服的。"妈妈鼓励着。

"可是我真的很难受！"优优几乎祈求着妈妈。

"优优，好几次了，一考试你就这不舒服、那不得劲，你再这样，妈妈要怀疑你是不是装病了！"妈妈突然义正词严。

"我真不……"优优幽怨地瞥了一眼妈妈，把嘴边的话咽了回去。

就这样，妈妈亲自送优优走进了校门。然而，一个小时后，优优妈妈就接到了学校的来电。

优优在考场晕倒了。

最后，优优竟被诊断患上了"考试综合征"。

一分钟解析

考试紧张也能晕倒？紧张是一种病？很多家长表示难以置信，但事实上，确实存在"考试综合征"这样一种病。它是一种对考试情境过度紧张和恐惧，无法进行自我调适的心理疾病。轻症者会出现失眠、焦虑，考前心跳加速、口干舌燥的症状，重症者会控制不住地颤抖、大汗淋漓、两眼发黑、头脑轰鸣，甚至虚脱、晕厥。

考试综合征的出现虽然与孩子的身体素质有一定关系，但更多的是因为孩子面临考试时不能正确而及时地调适自身和外界赋予的无形压力。

从心理上说，孩子把考试看得太重，担心考试失利，就会出现过大的心理压力。不过，孩子其实并不会过于苛求自己，往往是父母和老师对孩子提出了过高的要求或期望，才让孩子背负了过重的心理负担。如果孩子曾经历过考试失利，对自己缺乏信心，低估了自己的能力，也会加重这种紧张情绪。

家长如果在考前严格监督孩子的学习，导致孩子睡眠不够、身体疲劳、食欲下降，那么这种心理负担就会演化成生理负担，到了考试当天，在巨大的心理负荷下，就会出现各种难以控制的不良情绪和生理反应。

其实，考试紧张本来是一种非常正常的应激性心理反应，任何人都会有，如果家长能加以重视，并帮助孩子适当缓解紧张和焦虑情绪，很大程度上就能避免"考试综合征"的出现。

正向引导，别让自己成为孩子压力的来源

考试紧张焦虑不可怕，怕的是家长做了压死骆驼的最后一根稻草。要想消除孩子的考前焦虑，家长可以这么做：

一、不讲让孩子有负担的话

"努力！""加油！""爸爸妈妈相信你！"家长或许会认为这样鼓励性的语言能给孩子加油打气，但其实它们容易增加孩子的心理负担。最好的做法是，家长把孩子考试那天当成日常平凡的一天，并把这种轻松的情绪传达给孩子。

二、保证孩子充足的睡眠

集中在一两天的考试往往是一种高强度的脑力劳动，家长必须要保证孩子考前和考试期间的睡眠质量，消除一切不利于睡眠的因素，如禁止孩子长时间用脑，禁止孩子喝浓茶、咖啡等。同时，还要给孩子营造一个安静舒适的睡眠环境，如放一些舒缓情绪的轻音乐等。

三、停止一切备战活动

考试前一天，加班加点地备战是不科学的用脑方法。家长应该在考前一天，停止孩子的一切备战活动，给孩子养精蓄锐的时间，不做"强弩之末"。孩子可以听音乐、看电视、跑步、跳操，做一切可以暂时忘记学习和考试的事情，这样反而能取得意想不到的效果。

26. 做完卷子不检查，
连名字他都能写错

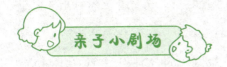

亲子小剧场

"你怎么连自己名字都能写错！"妈妈打开小光的试卷，第一眼看到的不是那鲜红的分数，而是老师重重圈起来的姓名栏上的名字。顿时，小光心头就像挨了一记重拳。

小光一声不敢吭。

"这道题为什么错？"妈妈仔细盯着每道题，"算式没错，错在了得数。这么简单的计算，怎么就错了？"

"是我抄错了得数。"小光小心翼翼地看了一眼妈妈，轻轻地说。

"抄错了得数？"

"就是草稿纸上写得太潦草，把60看成了66。"

"你都不做检查吗？"妈妈抬高了声音，"跟你说了多少次，做完题一定要检查一遍，就是为了避免这种粗心大意。"

小光默不作声。

"这个题错得有点莫名其妙！为什么列出这样一个算式？"

"那个……我没有看清题意，理解差了！"

"明明会的题，白白丢分了不是？你说你要是真不会，也就算了！这算什么！"妈妈真的是气不打一处来。

小光心想："我才不信！不会做，你不得更生气！"

"你看看，有 10 分都错在这种简单的计算上。但凡做完题检查一遍，都不会丢这么多的冤枉分……"妈妈终于停止了唠叨，最后严厉地问了一句，"下次一定要记得检查，记住了没！"

"记住了！"小光口头虽然应着声，但他心里不服气地想，"我哪有那个时间检查？再说了，第一遍做错了，再做一遍就对了？"

"为什么把分丢在明明会做的题上！""为什么不检查一遍！"查看试卷时对孩子大发雷霆是家长们再熟悉不过的场景了。奇怪的是，每次考完让孩子再做一遍错题，立马就做对了，这一点确实让人很生气。

通常，家长会把这个问题的根源归结于"粗心"二字，想着如果孩子再细心点，做完题再认真检查一遍，断然不会出现这种低级错误。

那么，孩子为什么不愿意检查呢？这个事情有那么难吗？

其实，这是一种正常的心理反应，这就像让一个正在气头上的人冷静下来一样。即便他知道自己需要控制一下情绪，但凭什么？

试想一下，好不容易做完一张试卷，突然被告知还没做完，还需要返回去给自己挑挑错，孩子是不是会很排斥？

自我检查考验的是一个人的自我调控和管理的能力，本质上，它属于一种让人自主清理错误、处理麻烦的过程，但这已经大大超出了一个孩子的思维能力范畴，而成了一种人性问题。所以即便家长、老师已经强调了很多年，这个问题依然普遍存在。

更何况，"检查一遍"说起来轻松，做起来并不容易。因为它蕴含了太多的不确定性。普遍检查一遍？根本没有那个时间。随机检查？一张试卷那么多道题，谁知道哪道题理解错了题意，哪道题粗心抄错了数？在孩子看来，这么做并没有多大意义。这也是家长叮嘱千万遍孩子依然不会做检查的原因了。

别只叮嘱认真检查，要告诉孩子怎么检查

要想让孩子学会检查试卷，千叮万嘱不管用，家长不如这样做：

一、把试卷当成别人的

虽然人们不喜欢给自己挑错，但总是乐意给别人挑错。家

长可以利用这种心理，让孩子在做完题后，把试卷当成别人的去检查，或者把自己当成老师去审视自己的试卷。这种情景模拟，可以有效地激励孩子自我批评、自我反省。

二、定个清晰的目标

"下次记得检查试卷！"孩子不可能有时间完整地将试卷检查一遍，家长不如让孩子有针对性地将那些经常出错的问题检查一下，如"把计算题检查一下，还有时间的话再把应用题审一遍"。只要在明确的范围内，孩子能做到仔细检查就可以了。

三、教给孩子检查方法

很多孩子认为笼统地看一遍就算是检查了，但这种检查往往是无效的，家长应该告诉孩子各科的检查方法。比如，语文考的是发音、词语和句子，孩子应该在心中默念每道题和答案，检查有无错别字，尤其是同音异义词和相似字词等。数学考的是做题的过程和答案，检查的重点应该放在题意是否相符、计算是否有误上。

27. 成绩忽高忽低，
到底怎么回事？

　　"C 级？"妈妈十分诧异地看着夏夏的期末成绩排名，不敢相信自己的眼睛，因为明明期中考试的时候还是 B 级。

　　"是不是出了什么错？"妈妈心里想，成绩上下波动很正常，但像过山车一样波动，也太匪夷所思了。于是，她接着翻了翻夏夏各科的成绩单。

　　"找到了，数学 56！"妈妈明明记得期中考试时，夏夏的数学考了 98 分。难怪名次来了个过山车。

　　"为什么数学考了这么点分数？"妈妈把成绩单甩给了夏夏。

　　"就没考好！"

　　"为什么没考好？"

　　"题不会做！"

　　"不会做？明明期中还考了 98 分，那会儿都会做，现在就都不会做了吗？"妈妈不可置信地看着夏夏，不明白她为什么这么理直气壮。

　　"不会就是不会！你想让我说什么啊！"夏夏大声哭起来，"我就是不会做，就是不会做……老师批评就批评了……回家……你们还要批评……你就没有不会做的题吗？你们就能都会做吗？凭什么说我……"

"我还没说两句呢，这还说不得了……"妈妈感到更崩溃。

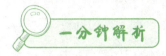

一分钟解析

在家长眼里，成绩稳定意味着成绩越来越好、稳中有升，而家长嘴里的"上下波动"，主要指的是成绩下滑。所以，当孩子终于冲上前十名，就认定孩子可以稳定在前十了，不可能滑下来，结果孩子下一次成绩一落千丈，就会百思不得其解，甚至对孩子大加责骂。

家长必须了解一个事实，孩子在不断学习新知识的过程中，成绩必然会时好时坏、忽高忽低。随着课程内容的加深，孩子可能会对某部分知识掌握得不太好，理解得不太透彻，上部分的内容又往往牵扯下部分的内容，结果一步跟不上，步步跟不上，一考试，成绩自然下滑。

成绩下滑也可能是因为孩子的身体出现了某些状况，比如得病了，请了几天假，没能跟上课程，等等。

从心理上来看，上次成绩好，如果家长表扬过度，有可能导致孩子滋生骄傲心理，不再认真学习；如果家长没有及时肯定，还进一步施加压力，会让孩子过度紧张焦虑，出现成绩下滑

的现象。

另外，孩子周边发生的一些变故也是导致孩子成绩波动大的原因，如父母冲突，在校与师生发生了不可调和的矛盾冲突等，这种心理上的波动也会直接影响考试成绩。尤其随着青春期的到来，越敏感的孩子越容易出现情绪上的波动。这时，家里剑拔弩张的气氛、学校里的人际关系、情感问题等都能影响学习成绩。

别太在意一次考试的分数，总体趋势更重要

孩子成绩忽上忽下，家长必须要找对原因，对症下药，一味斥责只会起到反作用。

一、赏罚有度，保持一颗平常心

考试考好了，家长可以适度勉励，但不要过度夸赞，以免让孩子滋生骄傲心理，放松学习；考试考差了，家长可以适度鞭策，不可以一味斥责，上纲上线。面对考试成绩，家长首先要有一颗平常心，孩子才能戒骄戒躁，考好了，再接再厉，考差了，挖原因找解决办法。

二、时时监督，掌握孩子的学习情况

家长不能只看每次的考试成绩，而应该时时监督孩子的学习情况。当课程难度加大，或者孩子生病请假了，跟不上课程进度时，家长可以帮助孩子查缺补漏，或者给孩子进行课后辅导，弥补落下的课程。这样孩子才不至于考完试才知道哪里出了问题。

三、及时沟通，关注孩子的情绪

家长可以和孩子谈一谈心，了解他的内心世界，以及导致他情绪不稳定的外界因素，如与老师、同学是否相处和谐，对家人有什么想法等，然后适时引导，让孩子学会自我调节。及时沟通，关注孩子的情绪问题，就能为孩子营造一个良好的学习环境。

28. 考砸了孩子大哭，
该如何安慰他？

我就是比别人笨！你满意了？

"妈妈，我……我这次数学又考砸了……"优优带着哭腔进了门，"就考了 80 分……"

"比上次低了 10 分呢！"妈妈一脸诧异，接着问道，"你们同学都考了多少分？"

"我们班考了满分的有 12 个！"说着，优优的哭声更大了。

"你哭什么？哭顶用吗？还不如想一想，为什么同一个老师教的，人家都能考 100，你只能考 80。"妈妈说着打开试卷认真查看起来。

"你看，你看，这种类型的题做了多少遍，怎么还错？"妈妈指着一道题让优优看。

"那个，我写错数了！"优优哭得声音更大了。

"这就是你的问题了，粗心大意，一错再错！还有脸哭呢！"妈妈严厉地批评她。

"我也不想啊，可是……"优优委屈地说。

"可是什么？为了让你专心学习，妈妈什么都不让你做。喝水我给你倒，饿了给你送吃的，衣服不让你洗，地不让你擦……不要给自己找借口了，我看你就是个笨蛋！像谁啊！"

"我知道我考得不好，我也生自己气，可能我就是比别人笨

吧！"优优愣了一下，抹了一把眼泪跑进自己房间，还上了锁。

妈妈也意识到自己的话说得太重了，想要道歉却怎么都叫不开门。

一分钟解析

孩子考试考砸了，谁最难过？

全天下的家长可能都认为自己最伤心，伤心自己生了个笨孩子，伤心孩子不知上进，然后一顿捶胸顿足，恨不得把平时对孩子的所有付出都一一道尽。然而，家长却忽视了考试的当事人是孩子，考试失利，难道孩子就不难过吗？就像优优同学，一进门就哭，她为什么会哭呢？难道不是因为又伤心又害怕，又心怀愧疚吗？

为人父母者，相信从小到大也经历了无数次的考场厮杀，一定也考砸过，体会过孩子同样的心情。扪心自问，难道孩子真的希望自己考砸吗？有时候，就算拼尽全力，也会遇到一些难以预料的状况，这时，一次失利就真的那么不可原谅吗？

必然不是。更何况，家长痛心疾首的样子，还会感染孩子，让那些本就懂事、自责的孩子扛下更大的心理负担，也让那些本就不懂事的孩子对父母心怀怨恨，甚至自暴自弃，不仅放弃学业，还可能走上岔路。

事情已经发生，家长的打骂、讽刺挖苦不但于事无补，还会变成锋利的匕首重伤孩子的心。过分地打击，要么让孩子产生逆反心理，与家长对抗到底，要么一蹶不振，一路颓废下去。

"你怎么这么笨！"

"可能我就是一个笨蛋吧！"

在这个节骨眼上，这些言语就成了心理暗示，像魔咒一样，牢牢地困住孩子。

情感支持为先，趁机补上挫折教育

孩子考砸了，自己伤心还来不及，家长千万别再添堵，这时，给孩子一个拥抱，就是给他一个情感依靠。

一、稳定情绪，情感支持很重要

"我看考得就不错！要是这次考了 100 分，不就掩盖问题了吗？没准一骄傲，下次更糊！这次考砸了，咱们把问题解决掉，下次不就考好了吗？"家长可以幽默一下，缓解紧张气氛，舒缓孩子的情绪。应该让自己的稳定情绪变为情感支持，让孩子化悲

伤为动力，这样不但能帮助孩子，还能拉近亲子关系。

二、挖掘和肯定孩子的闪光点

数学成绩差，不代表所有科目的成绩差，就算所有科目的成绩都差，也不代表孩子没有其他闪光点。其实，只要做父母的够细心，总能在这次失利的成绩中发现某个或某些进步之处。比如，上次错的一道题这次对了，字写得工整漂亮了，孩子有心怀愧疚的态度本身也是一种进步。家长可以通过肯定孩子的进步，安慰孩子，鼓励孩子。

三、正确引导，让孩子积极面对挫折

我们都是普通人，任何人都会犯错。挫折教育不是让孩子体验痛苦，而是让他们学会苦中作乐，培养积极向上的人生态度。让孩子知道，一次挫折不意味着一路挫折，人生仍有很多积极的事。

第六章　师生关系

家校配合让孩子更上一层楼

29. 不喜欢某位老师，
竟然故意
不学这门课

亲子小剧场

　　"咳！咳！咳！"下课铃已经过了两分钟了，历史老师仿佛没听到，仍然在不紧不慢地讲着课，于是小超大声咳着表示抗议。

　　"咳！咳！咳！"眼瞅着过去了五分钟，十分钟的课间活动被占去了一半，历史老师仍然没有要下课的意思，小超的嗓子都要咳出血了。

　　被小超这么一起哄，其他孩子也坐不住了，有的小声嘟囔着，有的加入咳嗽队列。

　　"我知道大家都累了，老师还有最后一点啊，讲完就下课！"历史老师终于发言了。

　　"讲完就又上课了，老师！不让我们去个厕所吗？"小超叫嚣着喊道。

　　"这位同学，我注意你很久了，你要是不喜欢上我的课，以后就别上我的课了，我也不管你，你爱干什么干什么！"这位老师也急了，好像故意针对小超。

　　"不上就不上！"小超噌地起身离开了座位，径直跑出了教室。

　　从那以后，小超在历史课上要么打盹，要么写别的科目作

业，要么看其他书籍，就是再也不肯听老师讲课。尽管老师把这件事反馈给小超的家长，但批评教育一点用处也没有。"我不喜欢那个老师，更何况是他不让我上的！"小超一句话就给顶了回去。

因为不喜欢一个老师，而不想学习他所教授的那门课，这是孩子们经常抱怨的问题，不过大多数孩子也只是消极对待这门课，很少会像小超同学一样真的拒绝学习。

其实，人无完人，老师也会暴露出各种各样的让人难以接受的缺点，这很正常。然而，为什么孩子们会因为喜欢老师而爱上他的课，讨厌老师就连他的课也一起讨厌呢？就不能公正客观地把老师本人与他所授的课程分开吗？

这就涉及心理学的内容了。抬头观赏月亮，会发现月亮周围总是晕染着一圈朦胧的光环，正是这层朦胧的光环，让我们觉得月亮很美。这光环就是晕轮，虽然它不是月亮本身，却是由月亮扩散而来的一种整体印象。这就是晕轮效应。

在师生关系上，就体现为讨厌一个老师，于是讨厌老师所扩散出来的一切，包括他的声音、气质以及他教授的课，否则孩子就会觉得心里不舒服，就像自己人格分裂了一样。

不过，客观分析，因为讨厌老师而拒绝听他的课，对老师本身而言并没有什么影响，但对孩子来说影响就大了。不论是消极对待还是直接拒绝这门课，都会让孩子越来越讨厌这个老师，形成恶性循环，最终耽误了自己的学习。

家长明明知道这样不对，却又没有办法强制孩子去喜爱自己讨厌的老师，这才是问题的关键。

引导孩子把老师和学科分开看待

孩子因不喜欢老师而刻意拒绝学习这门课，家长一定要重视这个问题，及时干预，正确引导。

一、引导孩子发现老师的闪光点

每个人身上都有闪光点，家长可以帮助孩子拉近与老师的关系，把孩子对老师的认识从讲台扩大到生活中的方方面面，进而发现老师值得欣赏的优秀品质。当孩子改变对老师的认知的那一刻，就可以摆脱晕轮效应的消极影响，甚至喜欢上老师。

二、引导孩子把老师与学科分开

如果孩子实在无法喜欢那位老师，那么家长可以寻找一个可以替代老师的人，比如找一个该学科的辅导老师或喜欢该学科的朋友、偶像，当孩子喜欢上该学科时，就可以将讨厌的老师与该学科分开来看待了。

三、引导孩子客观地看待问题

孩子还没有发展出完善的认知能力，很容易以自己的主观好恶来判断和决定事情，家长应该予以理解。同时，家长可以通过其他方法让孩子认识到这种缺陷，可以和孩子这样说："每个人的喜好都不是一成不变的，就好比过去喜欢打篮球，现在又喜欢上了网球，过去不喜欢的东西，突然有一天就接受了。但是错过了一门课程，将来就很难弥补了。"

30. 老师一提问，
他恨不得
立马缩起来

"有没有人来回答一下老师刚刚提出的问题？"老师看向台下的学生，发现有几个人从来不肯举手，为什么呢？

"小光，请回答一下！"老师点了一名正在努力躲避老师眼光的学生。

"嗯……"小光慢吞吞地站了起来，但他满脸通红，眼睛不知该看向何处，一个劲地向四方扫视。

"没有关系，慢慢想一想。"老师耐心地鼓励道。

"嗯……咳咳咳！"小光刚开了开口，就好像被自己唾液呛到了似的，一个劲地咳嗽起来，原本通红的脸蛋这会儿涨成了紫色，还喘着粗气。

"坐下，快坐下吧！"老师无奈只好让小光先坐下。

接下来的一周，老师几乎每堂课都想要点名让小光回答问题，但小光总是想尽办法逃避。

"这个问题谁来回答一下？"老师看到小光又缩着脖子躲闪老师的目光。

"报告老师！"小光感觉老师马上又要点自己了，突然站起身，"我想上厕所。"

就这样，小光以各种方式逃避回答问题，而且情况越来越严重，有时候一堂课要请假去两三次厕所。

老师担心小光的身体出现了问题，便通知家长，建议他们带小光做检查，结果显示一切正常。在父母的逼问下，才知道小光是为了躲避老师的提问才三番五次跑厕所的。

小光父母真是哭笑不得。

 一分钟解析

很多家长不理解，只是老师提问而已，怎么会出现这么强烈的应激反应？孩子的心理素质也太差了吧！其实，对于孩子来说，老师的提问就像迎面而来的一座大山，稍微放松警惕，就会把他们压垮，而罪魁祸首并不是简单的"心理素质差"。

进入小学阶段的孩子，慢慢摆脱了对父母的依赖，把社交重心从家庭成员转移到了集体成员，如老师、同学、朋友等。为了得到集体的认可，孩子们会相互比较，看谁学习成绩好，谁更能吸引老师的注意，谁更受欢迎等。

一旦得到集体的认可，他们就会变得更加自信，进而更加上进、更有能力。然而，如果得不到集体的认可，他们就会产生自卑心理，而后丧失信心，自暴自弃。

再者，随着孩子自我意识的觉醒，他们的自尊心也会逐渐

增强，这让孩子们变得极度敏感，特别爱面子，特别在意别人的眼光和评价，因此总是刻意回避任何在公众场合露脸的机会。

在他们看来，课堂上回答问题，无异于在众目睽睽之下抛头露面，一旦回答错误，无疑会被同学们耻笑；就算回答对了，也害怕会被同学议论说自己爱出风头。所以，干脆躲起来好了。

一旦被老师点名，过重的心理负担会导致孩子越来越紧张，进而出现全身肌肉紧绷、心跳过速、大脑空白的生理反应，这时明明耳熟能详的问题，也会答不上来，甚至状况百出。

在家角色扮演，帮孩子适应公开发言

孩子害怕课堂提问怎么办？家长还是要从根源上找到原因、解决问题，进行正确的引导。

一、角色扮演，在家模拟课堂提问

家长在辅导孩子做功课时，可以适当改变一下模式，模拟一下课堂情境，让其他家庭成员做听众，然后学着老师提问的样子，鼓励孩子回答问题。形式不宜太呆板，要让孩子觉得当众回答问题并不是一件严肃的事。孩子答对了，可以适当鼓励，答错了，也不要直接否定，尽量给予积极正面的引导。

二、培养自信，教孩子直面他人眼光

家长适当的赞美、坚定的支持永远是孩子自信的源泉。家长还需要向孩子解释，众人的眼光大多是善意的，哪怕偶尔的哄堂大笑，也绝没有嘲讽的意思。更何况，当众发言、当众讲话能博得全班人一乐，也是一种了不得的能力。

三、树立榜样，鼓励孩子当众展示自己

面对天生内向的孩子，家长可以在家鼓励孩子表达自己的想法，在外也要鼓励孩子勇敢展示自己。如果可能的话，父母可以以身作则，与孩子一起"抛头露面"，如在公开场合进行各种演讲，这样一来，孩子耳濡目染，就很容易受到正面的影响。

31. 班里学习风气不好，
孩子跟着受影响

这还了得？

自从换了班主任，班里风气一下子变松弛了！

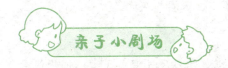

亲子小剧场

新学期开始后，妈妈总觉得优优不在状态，变得不像以前那么用功学习了。妈妈对此很是担忧。

"优优，新学期怎么样啊？"这天，妈妈借机展开话题，"听说你们换了新班主任，还能适应吗？"

"何止是换了新班主任啊，很多同学也换了，几乎是重新调班了。"优优淡淡地说道。

"啊？这是为什么？"妈妈难以置信。

"说是调班，其实就是把成绩好的学生挑走了！"

"这么说，你们原来的班变成了慢班？"

"那倒也不是，学校没有划分快慢班。"

优优的成绩虽然算不上优等生，但也不算差，对于学校这样的安排妈妈觉得难以接受，更何况优优自己呢！

"其实新班主任脾气好到没的说，对我们管教也很松，讲课又有趣，还不爱留作业，总之，挺好的。不像以前那位班主任，总是板着脸，恨不得天天拿着小鞭子抽我们！"优优接着说。

"那你觉得班里风气有变化吗？"妈妈开始担心了。

"风气？有些吧！以前，大家课间活动的时候都会小跑着去上厕所，好像时间永远不够用，偶尔聊天也是在聊题。现在，大

家的神经好像一下子放松了不少，课间都在玩笑打闹，成绩什么的都变得不重要了，很松弛。"

妈妈一听，这还了得，班里学习风气变差了，难怪优优看起来总是一副不在状态的样子。妈妈也犯了愁，这该怎么办？申请转班吗？

学习风气一直是家长十分关心的一个问题，因为家长太知道环境熏陶的重要性了。在他们的经验里，一个班集体，如果大部分人都充满了正能量、热爱学习，那么剩下的原本不爱学习的小部分人在良好氛围的熏陶下，也能慢慢往好的方向发展，反之亦然。

这就是班风的作用。班风是一个班集体所体现出来的风貌特征，它往往能代表班级内绝大多数学生的精神面貌和学习状态。

为什么会这样呢？这涉及"共生效应"，即人们在日常劳作和学习时，特别容易受到群体成员智慧、能力和以往所获成果的影响，从而启发思维，自觉提高自身水平。

在"共生效应"的作用下，成绩不好的同学能被带好。而家长当然希望自己的孩子生活在校风班风良好的集体里，如果不是，家长就会陷入苦恼，生怕自己孩子被不良班风带坏了，甚至不惜代价帮孩子转班、转学。

妈妈的想法很简单，就是想要帮孩子找到一个良好舒适的学习环境，但盲目转班并不是解决问题的办法，还有可能给孩子带来更多新的问题。新的同学、新的环境、新的老师，课程进度的不同步，孩子是否能融入集体，新集体的班风是否良好等，孩子需要克服更多的问题。搞不好，就会对孩子的身心健康造成很大的影响。

从表面上看，家长担心的是班级的学习风气，怕影响孩子的学习情绪，实际上却暴露了问题的根源，即家长对自己孩子的学习信心不足。

一正老师有话说

没有最好的班级，只有最适合自己的学习方法

说到底，班主任的管理风格、班集体的风气于孩子而言，都是外界因素，学习终究是个人的事。家长与其找最好的班级，不如帮孩子找一找最适合他的学习方法。

一、亲子沟通要及时，给孩子一点信任

即便环境发生了改变，家长也应该第一时间选择相信孩子。平时可以多沟通，与孩子做朋友，及时了解孩子内心的真实想法，关心孩子的动向，孩子就不会出太大问题。无论外界因素是好是坏，只要亲子关系不"塌方"，一切都好办。

二、与班主任及时沟通，谈一谈自己的担忧

班主任对整个班集体的管理就像一根水管，水管密封好，结实耐用，水压越高越能把水快、准、稳地送到目的地；但如果水管漏洞百出，水是感觉轻松了，但压力不够，很难抵达目的地，甚至还会使管道迸裂。家长可以把自己了解到的班级问题以及自己的担忧与班主任及时沟通，还可以帮老师一起把管道修补好。

三、树立理想和方向，找到适合孩子的学习方法

孩子年级越高，学习行为越具个性化，当逐渐确定学习理想和方向后，每个人都会形成一套自己的学习方法。如果孩子一直依靠外力来被动学习，大家学他也学，大家不学他也不学，那就说明他还没有找到自己的理想和方向，家长应该帮助孩子找到他的方向。比如，看他整体偏向文科还是理科，看他习惯背诵还是理解，从这些习惯总结出他的偏好，制订出一整套学习方案。

32. 上课说闲话，
屡教不改怎么办？

"今天，我们来讲讲……"

当语文老师正专心致志地讲课时，峰峰却一个劲儿地跟同学说悄悄话。

"哎，晓晓，你写完英语作业了吗？我还没写完……"

"那个，丽丽，借我你的橡皮擦用用，我的忘记带了。"

"小美，放学我们一起回家吧！现在天黑得晚了，路上不安全……"

老师终于注意到峰峰交头接耳的小动作，故意停顿下来，过了一会儿，整个教室就只剩峰峰一个人的声音了。

这时，峰峰才意识到了什么，羞愧地低下了头。

"峰峰，说什么呢？那么开心？老师讲课也讲累了，同学们又得听老师讲课又得和你搭讪，一定也累了。不如这样，老师课也不讲了，剩下的时间都交给你，你上来给大家讲几个笑话吧！讲得好，有赏！"

"老师，您认真的吗？"峰峰尴尬地摸着脑袋。

"真的啊，有请！"

"老师，对不起，是我错了，不该上课说话……"峰峰有些慌了。

"老师说了你几百次了，你听了吗？"老师明显生气了，"今天我就让你讲个够，咱不用偷摸讲，来，到讲台上，老师给你机会，把你想说的都说出来！"

"啊……"峰峰这时才意识到老师是真的生气了，一时不知道该怎么办。

第二天，峰峰妈妈就被老师约谈了。当然，这已经不是第一次约谈，妈妈不知教训过峰峰多少回，但一点效果都没有，仍旧屡教屡犯，妈妈也是一个头两个大。

全天下老师最怕的学生，就是上课爱讲悄悄话的学生，老师在上面讲得口干舌燥，他在下面讲得津津有味。老师停，他也停，老师继续，他也继续。这种情况，真的能让老师抓狂，结果只好把家长这个"冤大头"找来反映情况。

然而，课堂上的情况，家长又怎么能了解清楚呢？采取的办法无非两种，要么讲大道理，上纲上线，要么打骂惩罚。不过，孩子的坏习惯已经形成，家长若是不准备挖掘原因，根本不会起一点作用。

老师讲大课，学生底下开小堂，这似乎是所有孩子的通病，

最大的原因在于孩子的心智尚未发育完全，尤其缺少自制力。指望孩子从"礼仪修养"或"尊师重道"的道德高度来约束自己、控制自己，简直是空谈。而打骂痛在一时，过两天，孩子好了伤疤忘了疼，于是又犯了旧毛病。

家长还是要挖掘问题的根源。有的孩子上课爱和同桌、前后左右的同学说悄悄话，如果没人搭理他，他甚至会一个人自言自语。这种情况，多半是因为孩子专注力差，无法长时间集中精神听老师讲课，或者对课堂内容或老师的讲课方式缺乏兴趣。

有的孩子喜欢在老师讲课时插嘴，老师说一句，他能问十句，这种情况多半是因为孩子头脑灵活，爱表现。这样的孩子往往具有丰富的知识面，思维敏捷，老师讲述一个知识点，他往往能联想到很多的知识点。

还有一种孩子，纯粹就是嘴碎，无论是课堂上还是平时生活中，总是"唠唠叨叨"说个不停。如果不让他说，他会憋得难受。这种情况，父母就要从自身找找原因了，反思是否对孩子关注不够，是否受到某位家庭成员的影响。

批评惩罚，不如提升孩子的自我约束力

孩子自制力差，管不住自己，这是正常现象，家长与其打骂不如从根源上想想办法。

一、锻炼孩子的自我约束力

家长可以在平时的生活中，有意识地锻炼孩子的自我约束力，比如，做作业时不许讲话，而且所有家庭成员都要配合，尽量保持安静；家庭成员之间交流时，禁止插嘴、抢话，必须等到对方把话说完时再表达。

二、培养孩子对学习的专注力

培养专注力并不是一朝一夕的事，家长需要从点滴做起，比如将孩子写字台上与作业无关的东西，如零食、玩具、课外书等，统统收走，桌面越简单越好；孩子带到学校去的书包、文具也应该遵循这一原则，越简单越好，功能越少越好，避免孩子频繁地被转移注意力。孩子在学习时，应该全员配合，营造一个有利于集中注意力的学习环境。

三、引导孩子对学习的兴趣

如果孩子总是上课说话是因为对老师的教学方式和学科内

容不感兴趣，那么家长需要找老师及时沟通，看是否能合力激发孩子对学习的兴趣；如果孩子在课上所说的内容是与课本内容有关的发散性的知识，那么孩子一定是十分喜欢这门课，可以建议老师与孩子约定一个时间，比如每次课后的 5 分钟，让孩子畅所欲言，说出自己想说的话。

33. 怎么跟老师
沟通孩子情况？

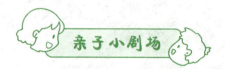

"哎呀，这不是王老师吗？"周末，皮皮和妈妈外出时，恰巧碰到了班主任。

"哦，是皮皮妈妈啊！"王老师一面回应着，一面靠近皮皮俏皮地问了一句，"皮皮好吗？"

"老师好！"皮皮弯腰鞠了一躬。

"王老师，最近都没开家长会，我们做家长的可是都想您啦！"

"最近太忙了，都没有时间和家长们好好交流交流。"

"一个人盯着那么多孩子，能不忙嘛！"皮皮妈妈顿了一下问道，"我们家皮皮最近表现怎么样啊？没有给您添麻烦吧！"

"这是哪的话，没有，没有，皮皮挺好的！"王老师赶紧摆摆手回应道。

"王老师，您没必要瞒我！您实话告诉我，我们家孩子是不是在学校经常犯错？"

"啊，这个……怎么会！"王老师支支吾吾地说着，看了看自己的手表。

"老师，难得见您一次，见了就想多问问孩子的情况，这不，耽误您时间了！真是太抱歉了。"

"没有，不会，不过我确实还有点事，回头咱们家长会见吧，皮皮妈妈！再见，皮皮！"说完王老师就急匆匆地走掉了。

"王老师，我们家孩子毛病多！您多费心啦！"皮皮妈妈眼巴巴地看着老师的背影，慌忙补上一句。

"说！你是不是又闯祸了，你看你们老师都不敢跟我说……"妈妈转过身去，对着皮皮就是一通训，皮皮只好吐吐舌头，根本不想理会。

一分钟解析

孩子入学后，教育重心就由家庭转移到了学校，但这并不意味着孩子的教育就不再需要家庭了。事实上，在这期间，家庭教育和学校教育能不能很好地结合起来，对教育的展开和孩子的成长意义重大。

为此，学校专门推出了"家长会"，目的就是帮助家庭教育（家长）和学校教育（老师）实现沟通交流。这种沟通，也就成了每年家长会上老师们最强烈的呼吁——请家长一定要与我们及时沟通！

注意，老师强调的是家长要去找班主任主动沟通问题，而不是等着老师找家长沟通问题。班主任不但要处理班级的日常事

务，还要关心几十名孩子的精神生活，同时还有自己的教学任务，甚至兼任好几个班级的课程。老师根本没有精力关注每一个孩子的情况，但家长却不一样，家长只需要关心自己孩子的情况即可，所以细心的家长，根本不会放过孩子任何变化。

这也是为什么老师经常呼吁家长一定要及时跟老师沟通，但很多家长把这种呼吁当成了耳旁风，总是被动地等待老师来找自己沟通，甚至认为只要老师不"传唤"，孩子就万事大吉，自己就可以高枕无忧。就像皮皮妈妈，话里话外都透露着，如果没有家长会，老师和家长几乎没有见面的机会，更别提沟通孩子问题了。

有的家长则是一遇到老师，恨不得把自己家孩子在学校的情况打听得一清二楚，如"我家孩子表现怎么样？""我家孩子是不是又不好好学习啦？"等，这些问题不是太过笼统，就是带有明显的主观预设，班主任答"是"也不对，答"不是"也不对。这种沟通不但达不到效果，还会让沟通双方（老师、家长）和当事人（孩子）都感觉十分不舒服。

一正老师有话说

三说三不说，切入点要细

家长应该珍惜每次与老师单独沟通的机会，沟通时不妨遵循以下"三说三不说"原则，让沟通变得更有效。

一、千万别问"我家孩子最近表现怎么样？"

这样的提问十分笼统，那么老师也有可能笼统地回一个"还好"。家长不如把问题具体化一些，单纯针对某一科目的学习情况、课堂的表现情况以及与同学的关系情况等进行询问。如提"孩子上课会主动回答问题吗？""他能按时完成作业吗？"等问题，这样老师就能站在班主任的立场针对具体问题提供一些看法和意见。

二、千万别说"我家孩子调皮捣蛋，是不是不好好学习？"

家长千万不能在老师面前否定孩子，尤其当着孩子的面，这样不但会让老师对孩子产生不好的印象，打击孩子的自尊心，还无法做出具体的反馈，只能回答"还好啊，他在学校还是挺乖的"这类话语，这对沟通毫无意义。

家长不如这样说："总听孩子提起您，说您讲课有趣，还表扬过他，把他高兴坏了。"这样容易加强老师与家长的互动，更

会让老师对孩子留下良好印象，更加留意孩子的表现。

三、千万别说"请您费心多关照孩子！"

虽然这句话是家长的肺腑之言，但千万别这么说。因为所有家长都会这么说，在老师看来，都说就等于没说。家长不如听听老师的心声，老师最希望得到家长的配合，最希望家长能重视孩子的教育。家长不妨这么说："我们做家长的一定会全力配合老师，有什么事，尽管吩咐。"家长越重视学校教育，老师越重视孩子。